TPP亡国論

中野剛志
Nakano Takeshi

a pilot of wisdom

はじめに

この本を世に出すにあたっては、私は、何とも言えない漠然とした不安を感じています。といっても、私個人の身に何か危害が及ぶとか、そういった類の不安感とは違います。

この本は、国家的機密情報をリークするとか、外国の陰謀をあばくとかいったものではありません。ここに書かれていることは、すべて、公開情報をもとにしています。そして、誰にでも手に入れられる情報をもとにし、誰にでも納得できるような論理を用いて、日本のＴＰＰ（環太平洋経済連携協定）への参加について反対し、その根拠を明らかにします。それだけのことです。

では、何が私を不安にしているのでしょうか。それは、我が国における議論や物事の進み方の異様さです。

まず一番怖いのは、農業関係者を除く政治家、財界人、有識者あるいはマス・メディアが、ほぼすべてＴＰＰへの参加に賛成しているにもかかわらず、その根拠があまりに弱く、その論理があまりに乱れているという点です。この全体主義的な事態は、ただごとではありません。

私は、ＴＰＰへの参加に賛成する議論を追っているうちに、ある共通する特徴に気づきました。それは、どの議論も、戦略的に考えようとするのを自分から抑止しているように見えるという点です。たとえるならば、戦略的に考えようとする思考回路に、サーキット・ブレーカーが付いていて、あるコードが出ると、それに反応してブレーカーが自動的に落ちて、思考回路を遮断してしまうような感じです。

ＴＰＰをめぐる議論には、そういうブレーカーを働かせるコードが特に多いのです。いくつか例を挙げてみましょう。

「開国／鎖国」「自由貿易」「農業保護」

「日本は遅れている／乗り遅れるな」「内向き」

「アメリカ」「アジアの成長」「環太平洋」

ＴＰＰ賛成論には、こういったお決まりのセリフがよく出てきます。そして、こういったセリフが出てきた瞬間、論理が飛んで、ＴＰＰに参加すべきだという結論へと着地するのです。どれほど論理が矛盾していようが、どれほど現実に起きていることと反していようが、「ＴＰＰに参加するしかない」となり、他の結論を許さないようになっているのです。

私は、ＴＰＰをめぐる議論を検証しながら、日本人の思考回路がたくさんのブレーカーでがんじがらめになっていることに気づきました。この本は、ＴＰＰに関する是非そのものを議論するというだけでなく、それを通じて、日本人の思考回路を束縛し、戦略的に考えられないようにしているブレーカーの存在を明らかにするものと思います。

戦略的に考えられないということは、今の世の中、致命的な問題です。

二〇〇八年のリーマン・ショック以降、世界は激変しつつあります。かつての世界恐慌がそうでしたが、世界的な大不況では、各国とも生き残りのために必死になります。そのためには手段を選ばず、武力衝突も辞さないでしょう。

こうした中、さまざまな国が、日本に対して、うまい話やきれい事を並べながら、えげつない計略をいろいろと仕掛けてくるでしょう。私は、ＴＰＰもそのひとつだと思っています。いや、ＴＰＰなど序の口なのかもしれないのです。

このように言うと、「排外主義的だ」「感情論だ」「内向きだ」と批判されるかもしれません。しかし、二〇一〇年の環太平洋地域に限っても、すでにいろいろとキナ臭い事件が起きました。特に目立った動きだけでも、例えば、中国漁船による尖閣《せんかく》沖の領海侵犯事件とそれをめぐる中国の対応、ロシア大統領による北方領土訪問、北朝鮮による核開発や韓国への砲撃などが挙げられます。予測不能の事態がいつ起きてもおかしくはない世の中になっているのです。

これほど厳しい世界になっているのに、ちょっと戦略的に考えようとするや否や、すぐにブレーカーが落ちて思考回路を遮断してしまう。そのような頭の構造をしているようでは、あまりにも危な過ぎます。私たちは、そんなブレーカーを一刻も早く取り外して、まずは戦略的な思考の回路を取り戻さなくてはなりません。

この本は、TPPという具体的な問題の検証を通じて、日本人の戦略的思考回路を回復させようという試みです。ですから、これからTPP以外の問題が日本に降りかかったときにも、この本に書かれた戦略的思考回路が役に立つことを狙って、私は書いています。

実際、TPPというアジェンダが浮上した背景、そしてそれに対する政府、財界、知識人、マス・メディアの反応を解明しようとすると、農業や貿易はもちろん、世界経済の構造変化、アメリカの戦略、金融、財政、グローバリゼーション、政治、資源、環境、安全保障、歴史、思想、心理、精神と多岐にわたる論点に考察を及ぼさなければなりません。しかも、これらすべての論点が、ＴＰＰを中心にして、相互につながり、絡み合っているのです。

言い換えれば、ＴＰＰという穴をのぞくことで、リーマン・ショック後の世界の構造変化、そして日本が直面している問題の根本が見えてくるのです。ですから、それらを頭に入れておけば、今後、ＴＰＰ以外の政治経済的な問題に対処するにあたっても、きっと役に立つことと思います。

ＴＰＰとは、それだけ根の深い問題なのです。

目次

第二章　世界の構造変化を読む――57

第四章　輸出主導の成長を疑う

図版制作／テラエンジン

第一章　ＴＰＰの謎を解く

▼いきなり賛成一色の不気味

まず、自分の不明から恥じなければなりません。

二〇一〇年一〇月初旬から一一月のAPEC（アジア太平洋経済協力）の横浜での会合まで、TPP（環太平洋経済連携協定）の交渉に参加するかしないかで、世論は沸騰していました。ところが、この私ときたら、一〇月下旬まで、TPPにはあまり関心がありませんでした。言い訳にもなりませんが、そのころの私は、大学での自分の研究が忙しくて、世間への関心が極度に低下していたのです。

一〇月半ばを過ぎたころ、「日経ヴェリタス」という金融関係の週刊新聞から私に、原稿執筆の依頼が来ました。そこで、私は話題のTPPについて何か書こうと思い立ち、インターネットで検索を始めました。

ところが、どうも腑《ふ》に落ちませんでした。

というのも、TPPが人口に膾炙《かいしゃ》し始めたのは、一〇月一日の菅直人首相による所信表明演説においてTPP交渉への参加検討が言及されたことがきっかけのようでしたが、それ以前については、まったくと言っていいほど、話題になっていないようだったからです。それが、一〇月一日に突如、議論の争点として挙がり、しかも一一月中旬のAPEC横浜会合までには交渉参加の是非について政府の最終的な判断が示されるような雰囲気になっていました。その間、わずか一カ月程度に過ぎません。

ところが、マス・メディア上では、すでに賛成論が大勢を占めていたのです。私は、すっかり腰を抜かしてしまいました。

例えば、前原誠司外相が、一〇月一九日の講演で「日本の国内総生産における第一次産業の割合は一・五%だ。一・五%を守るために九八・五%のかなりの部分が犠牲になっているのではないか」と述べ、「国を開くということを本気で考えないと、日本の競争力はどんどん低下していくと思う」と危機感を表明しました。また、日本の経済界を代表する日本経済団体連合会の米倉弘昌会長が、TPPに参加しなければ「世界の孤児になる」と発言しました。

新聞各社の社説もテレビも、ほぼすべてが「TPPに参加しなければ、日本は世界から孤立する」「開国か、あるいは鎖国か」という図式で報道していました。TPPに参加することは「開国」で、TPPに参加しないことは「鎖国」だというのです。

もし外相や経団連会長、あるいはマス・メディアが言っているように、TPPに参加しなければ日本は世界から取り残されるというのであれば、これは大変な問題です。しかし不思議なことに、そのような大事件であるはずのTPPが、一〇月一日の首相所信表明演説以前には、まったくと言っていいほど話題に上っていませんでした。

しかも、TPP交渉への参加の是非について、一カ月後のAPECまでに方向性を示すというのです。一歩間違えば、世界から孤立するかもしれないような国家の一大事を、わずか一カ月程度の議論で決めてしまうというのでしょうか。

非常に嫌な予感がする中、グーグルで検索をしているうち、「包括的経済連携に関する検討状況　平成二二年一〇月二七日　内閣官房」という資料がヒットしました。これは、内閣官房が作成・公表しているということで、TPPの実態や政府の検討状況が分かる信頼度の高い資料に思われました。

この資料を読んだ私は、驚きのあまり言葉を失いました。そして、心の底からぞっとしたのです。

▼小国だけでスタートした自由貿易協定

内閣官房作成の「包括的経済連携に関する検討状況」という資料に何と書いてあるのかを申し上げるついでに、この資料に基づいて、TPPとは何かを整理しておきましょう。

TPPとは、そもそも二〇〇六年五月にシンガポール、ブルネイ、チリ、ニュージーランドの四カ国の間で締結された自由貿易協定（通称「P4」）を、広く環太平洋地域の諸国に拡大しようというものです。このP4は、物品の貿易の関税については、原則として全品目について即時または段階的に撤廃するという急進的なものです。また、サービス貿易、政府調達、知的財産、金融あるいは人の移動なども対象にする包括的な協定です。P4は、自由化の程度が極めて高度に進んだ協定であると言えます。

二〇一〇年三月、この四カ国に、アメリカ、オーストラリア、ペルー、ベトナムが加わり、八カ国で広域的な経済連携協定を目指す「環太平洋連携協定（Trans-Pacific Partnership）」の交渉が開始されました。これがいわゆるTPPです。一〇月に開催されたTPP交渉会合からは、マレーシアが参加しました。この段階で、九カ国がTPPの交渉に参加したことになります。

TPPとは何かや、類似の貿易ルールとの違いも明確にしないで、安易にTPP賛成を煽《あお》るような議論がマス・メディアにおいてあまりに多いので、よく耳にするWTO、FTA、EPAとTPPとの関係をまとめておきましょう。

▼WTOとは何か

WTO（世界貿易機関）は、現在、世界の一五〇カ国（または地域）以上が参加し、自由貿易の推進を目指す国際機関です。一九九五年に成立しました。WTOは、貿易ルールに関する国際的な立法権や司法権を有し、ルールに違反した国に対する報復措置を容認することで、実効力をもって自由貿易を促進しようとするものです。

また、貿易だけではなく、国内産業に対する補助金の削減についてもルールを定めています。他方で、WTOのルールは、食料安全保障や環境問題といった、貿易以外の関連事項にも一応の配慮をする建て前になっています。

WTOは、発展途上国に対する例外措置を除いては、各国一律に形式的なルールを当てはめようとするものです。このため、融通がきかず、しかも一五〇以上の国々が参加しているので、交渉はいつも難航し、しばしば決裂しました。そこで、特に今世紀に入ってからは、自由貿易を推進する手段として、WTOにおける交渉以外の手段がとられるようになりました。それがFTAです。

▼TPPは過激なFTA

FTA（自由貿易協定）とは、二国間あるいは複数国間で関税を撤廃する協定で、世界の貿易の基本ルールであるGATT（関税及び貿易に関する一般協定）第二四条に位置づけられています。

FTAは、加盟国に一律のルールを適用しようとするWTOの原則とは異なり、相手国を選んで、相手国との間だけで通用する関税ルールを定めるものです。FTAは、WTOのルールの例外的な措置と位置づけられているのです。このGATT第二四条の規定によれば、FTAは「実質上のすべての関税撤廃が必要」だとされていますが、「実質上のすべての」という文言が何を意味しているのかは、明示されていません。ただ、一般的な解釈として、少なくとも貿易の九〇％の量あるいは品目数について、一〇年以内に関税を撤廃することが必要であるという意味だとされています。

しかし、実際には、一〇年以上の経過期間の設定、協定除外品目の設定、再協議品目の設定といった例外的な措置がとられており、これら例外措置については、国同士の交渉次第で決まるものとされています。また、WTOとは違って、国内産業への補助金に関するルールはありません。

こうしたことから、FTAは、WTOのルールと比べると、各国の事情をより反映した柔軟なルールを作ることができると考えられています。例えば、FTAの一種であるNAFTA（北米自由貿易協定）においては、アメリカはカナダとの間で、乳製品、砂糖、綿などを除外品目としています。

なお、EPA（経済連携協定）は、FTAにおいて出遅れたと言われている日本が進めているFTAの一種です。EPAは、関税撤廃だけではなく、規制や制度の改正なども含めた二国間あるいは複数国間の協定です。日本は、このEPAによって、重要品目の除外や、相手国への投資環境の整備などを通じて、自国に有利にFTAを進めようとしているのです。例えば、東南アジア諸国とのＥＰＡ／ＦＴＡにおいて、日本が農業技術や食品安全、貧困解消に関する支援を行う代わりに、タイは日本にコメの自由化要求をしないという取引がなされました[*1]。

このように、ＥＰＡ／ＦＴＡにおいては、相手国との柔軟な交渉によって、お互いの国情に配慮したルールを作ることができました。もっとも、それでも合意には、数年にわたる慎重な交渉のプロセスを必要とします。

なお、日本はこれまで、一二の国や地域とＥＰＡ／ＦＴＡを締結し、そのほかいくつかの国と交渉中です。具体的には、シンガポール、メキシコ、マレーシア、チリ、タイ、インドネシア、ブルネイ、フィリピン、ベトナム、スイス、インド、ＡＳＥＡＮ（東南アジア諸国連合）と締結し、ペルーとは基本合意に達し、韓国とオーストラリア、ＧＣＣ（湾岸協力理事会）加盟国とは交渉中（ただし韓国とは中断中）、モンゴルとは共同研究中です。

これを諸外国と比較してみると、アメリカは一四カ国、ＥＵは二九カ国、中国は八カ国、韓国は七カ国とＦＴＡを締結しています。ただし、日本は、主要貿易相手国であるアメリカ、ＥＵ、中国とのＥＰＡ／ＦＴＡの取り組みが遅れているのに対し、韓国はこれらの国々との交渉を積極的に進め、アメリカとは合意に至っています。また、FTA相手国との貿易額が貿易総額に占める割合は、日本は一六％ですが、韓国は三六％、アメリカは三八％、EUは三〇％（EU域内貿易を含めると七六％）です。

こうしたことから、日本はFTAに関し、世界から出遅れていると言われています。例えば韓国がアメリカとFTAを締結し、日本が締結していないと、アメリカの韓国に対する関税は撤廃されているのに、日本に対しては関税が課せられ、日本の競争条件が不利になるという主張です。この考え方に実は穴があることを二章で指摘しますが、ともかく韓国企業と激しい国際競争を演じている日本の産業界が、主要貿易相手国とのFTAを締結することを望んでいるのは、そのためです。

▼ハードルの高いTPPになぜ飛びつくのか

さて、懸案のTPPも、FTAの一種です。ただし、関税の即時撤廃を求めている点、そして関税撤廃の例外を認めないという点で、究極の自由貿易を目指すFTAであるとされています。具体的には、特定の分野（例えばコメ）を除外した上でのTPPへの交渉参加は認められない可能性が高いと考えられています。ＴＰＰは、ＷＴＯのルールや従来のＦＴＡより、はるかに急進的な貿易自由化を目指しているのです。また、サービス貿易、政府調達、知的財産、金融あるいは人の移動などを対象にする包括性も、ＴＰＰの特徴です。

そこで、ＴＰＰという話が降ってわいたとき、一部の論者から「ＴＰＰへの参加は、ＦＴＡでの遅れを挽回《ばんかい》するチャンスである」といった議論が始まったというわけです。ＦＴＡの推進を求める産業界も同じ考えだったのでしょう。

しかし、ＦＴＡのような柔軟なルール作りが可能な枠組みにおいてすら、これまでなかなか交渉が進まず、合意に至った交渉も、かなりの時間をかけて慎重に進められてきました。それが、従来のＦＴＡよりはるかにハードルの高いＴＰＰについては、その交渉参加の検討が極めて短期間で進められようとしているのです。

これは、少なくとも私には、まったく理解不可能でした。

図1　主要国の関税率

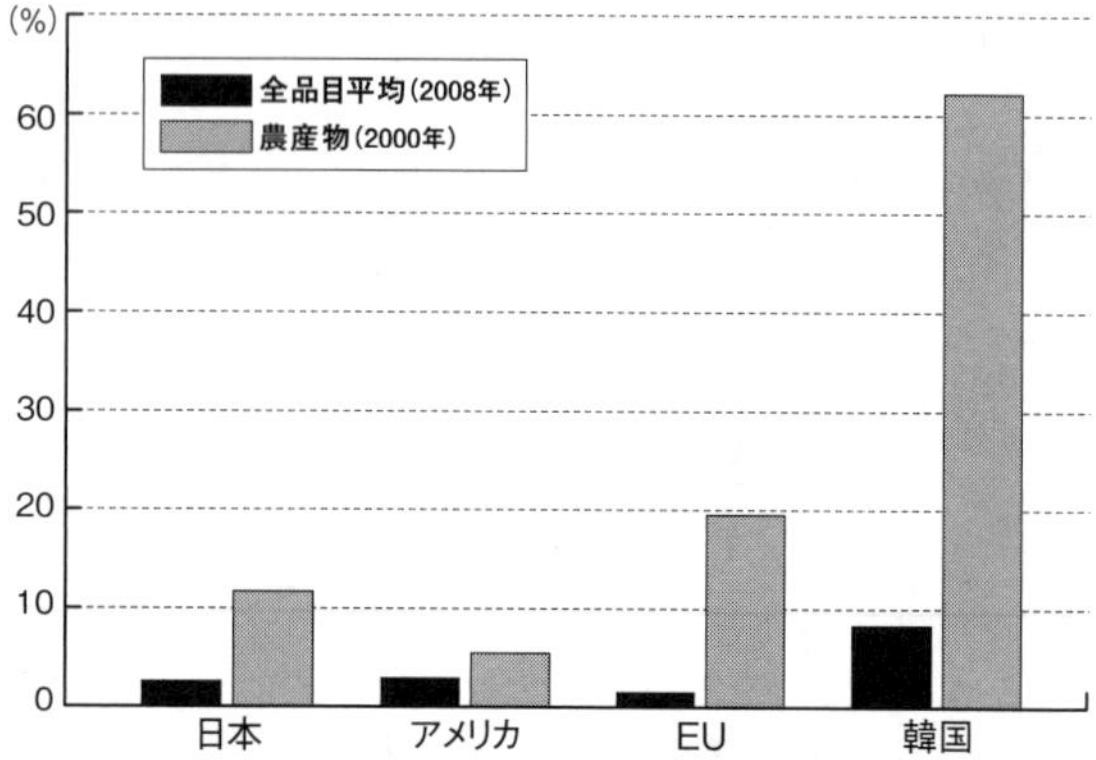

全品目平均は世界銀行WDIオンラインデータベースより作成（ただし韓国のみ2007年のデータ）
農産物への関税は2010年11月19日参議院予算委員会における鹿野農林水産大臣の答弁より作成

▼「TPP不参加が鎖国」の嘘

しかも、TPP交渉参加に関する議論が、世論のレベルでは「開国か、鎖国か」といった単純極まりない図式の中で進められていたのには、私は恐怖すら感じました。

まず、そもそも現在の日本は、鎖国などしていないのです。

例えば全品目の平均関税率について見ると、図1のように日本は、韓国はもちろんアメリカよりも低いのです。それどころか、農産物に限定しても、日本は韓国やEUより関税率が低い。もっとも、農産物の関税率の試算方法には複数あるので、一概には言えないようですが、それでも日本だけが世界の中で突出して高いと言うことはできません。

それどころか、日本の食料自給率（カロリー・ベース）は四割程度しかなく、小麦、大豆、トウモロコシはほとんど輸入に頼っているのですから、日本の農業市場は閉鎖的どころか、あけっぴろげに開かれてしまっています。むしろ、農業の関税が低すぎるという議論すらあってもおかしくないほどです。

そして、日本は言うまでもなくＷＴＯに加盟しています。他国より多少遅れているとはいえ、ＥＰＡ／ＦＴＡについても、最近ではインドとの締結をも果たし、その数も一二の国と地域に達しました。これのどこが鎖国なのでしょうか。

しかも、ＴＰＰの交渉参加国と言えば、アメリカ以外は小国ばかりです。ＴＰＰにはヨーロッパはもちろん、中国も韓国も交渉に参加していません。

世界第三位のＧＤＰ（国内総生産）をもつ経済大国であり、ＷＴＯに加盟し、一二の国や地域とＥＰＡ／ＦＴＡを結んでいる日本が、どうしてＴＰＰに参加しないと「世界の孤児」になるというのでしょうか。

▼政府の検討するTPPの意義

では、内閣官房の資料「包括的経済連携に関する検討状況」に基づいて、政府がTPP参加の意義として、何を挙げているのかを見てみましょう。この資料には、「我が国がTPPに参加した場合の意義と留意点」と題して、そのメリットを次のように列記しています。これが政府の検討するTPPの意義の要約だと思われますので、そのまま抜粋します。*2

●国を開き、日本経済を活性化するための起爆剤。アジア太平洋の成長を取り込み、新成長戦略を実現。

・品目、分野によりプラス・マイナスはあるが、全体としてGDPは増加。

（参考）実質GDP〇・四八～〇・六五％増（二・四兆～三・二兆円程度増）

（川崎研一氏〈内閣府経済社会総合研究所客員主任研究員〉試算）

・「国を開く」という強い意思を示すメッセージ効果→日本に対する国際的な信用及び関心の高まり。

・韓米FTAが発効すれば日本企業は米国市場で韓国企業より不利に。TPP参加により同等の競争条件を確保。

（参考）日本がTPP、EUと中国とのEPAいずれも締結せず、韓国が米国・中国・EUとFTAを締結した場合、自動車、電気電子、機械産業の三業種について、二〇二〇年に日本産品が米国・中国・EUで市場シェアを失うことによる関連産業を含めた影響試算（経済産業省試算）

二〇二〇年の実質GDP一・五三％減（一〇・五兆円程度減）　この内　米国市場関連　一・八八兆円程度減

※日本のTPP参加により、中国、EUとのEPA締結にプラスの影響があるとの仮定に基づき試算。

●TPPがアジア太平洋の新たな地域経済統合の枠組みとして発展していく可能性あり。また、TPPの下での貿易投資に関する先進的ルールが、今後、同地域の実質的基本ルールになる可能性あり。

（注：カナダ、韓国、その他のASEAN諸国にも拡大する可能性。）

●ＴＰＰ交渉への参画を通じ、できるだけ我が国に有利なルールを作りつつ、アジア太平洋自由貿易圏（ＦＴＡＡＰ）構想の推進に貢献。横浜におけるＡＰＥＣ首脳会議の主要な成果。

●逆にＴＰＰに参加しなければ、日本抜きでアジア太平洋の実質的な貿易・投資のルール作りが進む可能性。

■ＴＰＰにおける交渉分野は、我が国のＥＰＡと同様、市場アクセス分野のみならず、幅広い分野。

■我が国のＥＰＡで独立した章を設けていない、「環境」、「労働」などの新規の分野も含まれる見込み。

■ＷＴＯドーハ・ラウンドを先取りし、日本企業の貿易・投資活動に有利なルールの策定に貢献し得る。

(予測される分野) 物品貿易（関税撤廃の例外を認める範囲、関税撤廃の経過期間等を含む）、原産地規則、貿易円滑化、動植物検疫、貿易救済措置、政府調達、知的財産権、競争政策、投資、サービス貿易、環境、労働、紛争解決等。

●アジア太平洋の地域経済統合枠組み作りを日米が主導する政治的意義大。対中戦略上も対ＥＵ関係でも重要。
●アジア太平洋地域の貿易・投資分野のルール作りにおいて主導的役割を果たすことにより、国際的な貿易・投資分野の交渉や、ルール作りにおける影響力を高め、交渉力の強化に貢献。

これを見ると、政府が考えるＴＰＰの意義は、大きくふたつに分けられます。ひとつは、経済効果における意義であり、もうひとつは国際的な貿易ルールをめぐる外交戦略上の意義です。前者の経済効果については、次章以降において批判を加えることとし、ここでは、ＴＰＰの外交戦略上の意義について検討してみましょう。

▼アジア太平洋の成長を取り込む?

アジアは今後の成長センターであり、アジアの成長をいかに取り込むかが、日本の成長戦略のカギである。政府、財界、そして多くの経済学者やコメンテーターたちが、このよ

図2 TPP交渉参加国のGDP規模の比較
（2009年）

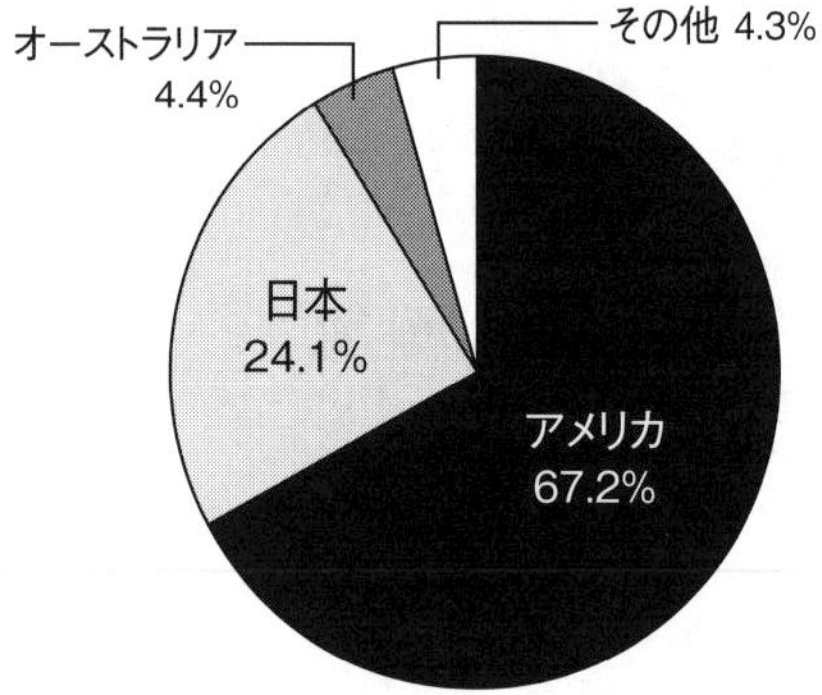

世界銀行WDIオンラインデータベースより作成（ただしブルネイのみ2006年のデータ）

うに論じてきました。

この場合、成長するアジアとして重要なのは、何といっても中国であり、ついでインド、あるいは韓国といった国々でしょう。しかし、TPPには、この三つの国のいずれも入っていません。

ためしに、現在、TPP交渉に参加している九カ国に日本を加え、これら一〇カ国のGDPのシェアを計算してみましょう。すると図2のように、アメリカが七〇%弱を占め、次いで日本が約二五%、そしてオーストラリアが約四%、残り七カ国はあわせても約四%にしかなりません。

つまり、日米で約九〇%を占めるのです。

図3 TPP交渉参加国の外需依存度
（財貨・サービスの輸出額の対GDP比・2007年）

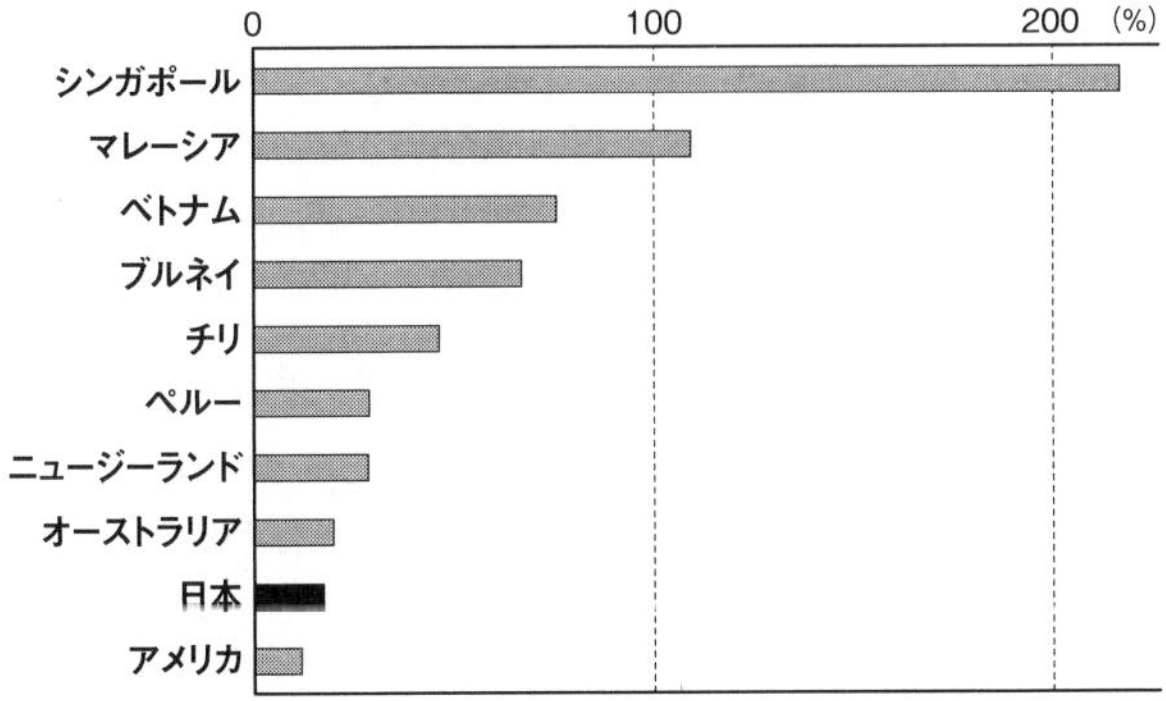

世界銀行WDIオンラインデータベースより作成

アジアなど、ほとんど誤差に過ぎないような小さなシェアです。これでは、TPPによってアジアの成長を取り込むなどというのは、まったくの誇大妄想としか言いようがありません。

要するに、日本が参加した場合のTPPとは、実質的に日米FTAなのです。「アジア太平洋」というのは名前だけだと言っても過言ではありません。

しかも、TPP交渉参加国には、GDPに占める輸出額の割合が高く、国内市場の小さい国が非常に多いのです。図3のように外需依存度が日本より小さい国は、アメリカしかありません。シンガポールやマレーシアに至っては、GDPより輸出の規模の方が大きいほどです。

つまり、TPP交渉参加国に日本を加えた一〇カ国の中で、日本が輸出できる市場は、実質的にアメリカだけなのです。そして、この一〇カ国の中のほとんどのアジア太平洋諸国の成長は、輸出に大きく依存しています。しかも、TPP交渉に参加しているアジア太平洋諸国にとって、この一〇カ国の中における有力な輸出先は、アメリカと日本なのです。

TPPによって日本がアジア太平洋の成長を取り込むなどというのは悪い冗談です。実態は、その反対に、アジア太平洋諸国の方が、日本の市場を取り込みたいという話なのです。

▼中国と韓国はTPPには入りそうにない

では、もし将来、中国と韓国がTPPに参加したら、日本はTPPに参加することでアジア太平洋の成長を取り込むことができるようになるのでしょうか。私は、この二国の参加の可能性はかなり低いと思います。

まず中国から見てみましょう。中国はリーマン・ショックに端を発した世界不況以降、人民元を安く維持し、輸出を拡大することで成長しようとしてきました。このため、アメリカは、中国の為替操作を激しく非難し、人民元の切り上げを求めています。

しかし、そうすると外需依存度の高い中国の景気に悪影響が及ぶので、中国はアメリカの要求を拒否しています。このいわゆる人民元問題は、米中両国間で大きな懸案となっています。

つまり、中国は、自国の輸出に有利になるように為替を操作している国なのです。ですから、自由貿易協定以前の段階で、米中関係はつかえてしまっているのです。自国の利益を利己的に追求するために為替を操作している国が、高度に進んだ自由貿易のルールであるTPPに参加するとは、とても思えません。実際、内閣官房の資料を見ても、中国がFTAを締結している国は少なく、しかもASEANのうちの一カ国と、ニュージーランド、チリ、ペルーといった小国ばかりなのです。

では、韓国については、どうでしょう。韓国はアメリカとのFTAに合意しています。韓国は、複数国間による急進的な自由貿易協定であるTPPよりも、二国間で交渉するFTAの方が有利であると考えており、それゆえTPPではなく、米韓FTAを選択しているのです。ですから、韓国もＴＰＰには参加しそうにないと考えてよいでしょう。もっとも、仮に韓国がＴＰＰへの参加をきめたとしても、それは韓国が大きな戦略ミスをしたというにすぎず、日本が追従しなくてはならない理由にはなりませんが。

中国と韓国がＴＰＰに参加しそうにないということは、実は、政府もうすうす分かっているようです。それは、先ほどの内閣官房の資料にある「経済産業省試算」を見ると分かります。この試算では、「日本がＴＰＰ、ＥＵと中国とのＥＰＡいずれも締結せず、韓国が米国・中国・ＥＵとＦＴＡを締結した場合」（傍点は著者による）の経済損失を計算しています。

しかし、これは、いかにも不自然な試算ではないでしょうか。経済産業省は、なぜ日本についてはＴＰＰ、韓国についてはＦＴＡで計算しているのでしょうか。

普通は、「日本がＴＰＰを締結せず、韓国がＴＰＰを締結した場合」、あるいは「日本がＦＴＡを締結せず、韓国がＦＴＡを締結した場合」というように、日韓で条件をそろえて、試算を行いそうなものです。けれども、そうしていません。その理由は明らかです。政府も、韓国がＦＴＡを選択し、ＴＰＰを選択しないであろうと見込んでいるということなのです。

中国と韓国が参加しそうになく、日米でほとんどのシェアを占めるＴＰＰにおいて、日本はどうやってアジア太平洋の成長を取り込むというのでしょうか。

▼「国を開く」というメッセージ効果？

内閣官房の資料によれば、ＴＰＰ参加の意義の一番目がＧＤＰの増加となっていますが、次に挙げられているのが、「「国を開く」という強い意思を示すメッセージ効果」であり、それによって、「日本に対する国際的な信用及び関心の高まり」があるとしています。

こんなせこい理由が、二番目に来ているのには驚きました。この程度のメッセージ効果のために、ＴＰＰに参加するというのでは、犠牲になるかもしれない農家の方々にとっては、たまったものではありません。

しかも、もっと本質的に問題なのは、「国を開く」というメッセージは、日本のイメージをよくするどころか、逆に悪くし、日本の交渉上のポジションも悪化させるということです。なぜなら日本の平均関税率は諸外国と比べても低い方であり、その意味で、国はすでに開かれているからです。

それにもかかわらず、日本が「これから、国を開きます」と自分から宣言するとしたら、世界の国々はどう思うでしょうか。「何をわけの分からないことを言っているのだろう」と首をかしげるでしょう。あるいは、「そうか、日本はこれまで国が開かれていなかったのか。高関税で守られた保護主義的な国だったのか」という印象を抱く、あるいは抱いたふりをするでしょう。つまり、日本のイメージが不当に歪《ゆが》められてしまうのです。

しかも、日本が保護主義的な国だという印象をいったん外国に抱かれてしまうと、今度は、TPP交渉において、相当譲歩しなければ、この閉鎖的という印象は払拭できません。さらに、TPPがどんなに不利なルールになろうとも、日本は閉鎖的な国であるというメッセージ効果を恐れる日本は、交渉から離脱できなくなってしまうでしょう。

さらにまずいのは、関税率が低いのに「国を開きます」と宣言すれば、日本が開放すべきは関税以外のもの、すなわち非関税障壁だということになるだろうということです。非関税障壁には、社会的規制、安全規制、取引慣行、果ては言語や文化まで、外国企業が日本市場に参入する際に面倒だと思うものすべてが含まれます。食に関する安全規制、環境規制、あるいは労働規制が厳し過ぎるだとか、保険制度や医療制度がアメリカとは違うだとか、外資による参入が少ないのは取引慣行が不透明だからだとか、挙句の果てには、使用言語が英語ではないのが障壁だとか、ありとあらゆる因縁をつけられかねません。しかし、関税が既に十分に低いのに、自ら「国を開きます」と言った以上は、必ず、非関税障壁の撤廃という形で落とし前をつけさせられることになるでしょう。我が国の安全上必要な規制や固有の慣習や文化まで放棄することを迫られるかもしれないのです。いや、下手をすると、日本政府は自分から言い出した「開国」の実を示すために、外圧がなくとも、自国の規制や文化を自ら進んで放棄しようとすらしかねません。

そのような理不尽な市場開放で最もありそうなのが、対内直接投資に関する規制緩和です。日本の対内直接投資残高対ＧＤＰ比率は四％程度であり、他の先進国と比べても低い数値です。もっとも、日本は世界最大の対外純資産国である上、今はデフレで資金需要がなく、カネ余り状態にあるので、そもそも対内直接投資を促進する必要などありません。にもかかわらず、この対内直接投資の少なさが市場の閉鎖性を示す証拠として喧伝され、資本市場の規制緩和が進められる可能性があるのです。

世界金融危機を経験したばかりだというのに、国際的な資本移動を規制するのではなく、それを促進しようなどというのは、まったく性懲りもない愚かな所業です。しかし、TPPに参加した日本がそのような方向に進むのを心配するのは、あながち杞憂とも言い切れないのです。二〇一一年一月、ノーベル経済学賞を受賞したジョセフ・スティグリッツら二五七人の経済学者が連名で、アメリカのクリントン国務長官やガイトナー財務長官らに宛てて、ある意見書を提出しました。*3 それは、アメリカが投資・貿易協定によって進めている資本移動の自由化が、金融危機を防ぐための政府の権限を弱めるものであることに対して懸念を表明するものでした。

TPPが、国際的な資本移動を過度に自由化してしまう可能性は、現実のものとしてあるのです。日本の「開国」宣言は、そのお先棒を担ぐものとなりかねません。

要するに、「国を開く」というメッセージをアピールすることは、TPP交渉における日本の選択の幅を著しく狭めてしまうことになるのです。ゲームが始まる前から、自分の立場を不利にするメッセージを発することは、外交戦略上、極めて愚かな行為と言わざるを得ません。

▼自虐的な日本人

そういえば、一九八〇年代から一九九〇年代初頭にかけて、日米の間で貿易不均衡が問題になり、アメリカが日本に貿易黒字を減らすように、激しく圧力をかけてきたことがありました。その際、アメリカは、日本の国内市場が外国企業に開かれておらず、不公正であると批判し、日本が閉鎖的な国であるというネガティヴ・キャンペーンを張りました。

これに対して日本政府は、日本の平均関税率が国際的に見て最も低い国の部類に入るという正確なデータを掲げて、日本が閉鎖的であるというアメリカの批判に堂々と反論していたものです。それが今では、日本政府自らが、「日本は、国を開かなければなりません」とネガティヴ・キャンペーンを張っているのです。

こういう自虐的な傾向は、自分に自信のない卑屈な人が、他人の関心を引こうとするときによく見られます。自分のプラスの面をアピールできないので、自らを必要以上にマイナスにおとしめ、マイナスをゼロにして見せることで、自分にプラスの面があるかのように見せかけるのです。日本の「国を開く」というメッセージには、そのような卑屈さが見え隠れします。

もちろん、TPPへの参加表明によって、日本が国際的な関心を強烈に引く可能性は、十分にあります。それは、TPPへの参加を通じて、日本が自国の国益を犠牲にして、他国に利益を与えてしまうような場合です。このような場合、世界各国は、信じられないくらいお人好しの経済大国日本に、多大な関心を寄せるに違いありません。なにせ、大不況で世界市場が縮小し、各国とも需要に飢えている中で、太ったカモがネギをしょって太平洋の周りを回っていることが分かったのですから。

これは何も皮肉で言っているのではありません。世界不況で各国が他国を犠牲にしてでも生き残ろうと必死になっているという状態にある中で、外国の評価を得ようとしたり、関心を引こうとしたりするということは、実に馬鹿げたことだと言いたいのです。まして、日本が閉鎖的であるかのような、自虐的である以前に事実に反するメッセージを垂れ流すなど、言語道断です。

▼日本はTPP交渉でルール作りを主導できない

内閣官房の資料は、「TPPがアジア太平洋の新たな地域経済統合の枠組みとして発展していく可能性」があり、「TPPの下での貿易投資に関する先進的ルールが、今後、同地域の実質的基本ルールになる可能性」があると指摘しています。

しかし、その可能性はかなり低いと言わざるを得ません。なぜなら、すでに述べたように、中国と韓国がTPPには参加しそうにないからです。その上、もし日本が参加しなければ、日中韓が参加しない貿易協定となります。それでは、アジア太平洋の新たな地域経済統合としての枠組みには発展せず、同地域での実質的基本ルールにもなり得ないでしょう。

内閣官房の資料は、「TPP交渉への参画を通じ、できるだけ我が国に有利なルールを作り」と指摘しています。確かに、ゲームに参加しなければ、ルール作りもさせてはもらえないでしょう。しかし、日本がTPPに参加して自国に有利になるようにルール作りを主導できる可能性は、ほとんどありません。それは、TPP交渉参加国の顔ぶれを見ればわかります。

そもそも、国際ルールの策定の場では、利害や国内事情を共有する国と連携しなければ、交渉を有利に進められません。多数派工作は、外交戦略の初歩です。ところがTPP交渉参加国の中には、日本と同じような利害や国内事情を有する国はなく、連携できそうな相手がまったく見当たらないのです。

まず、アメリカ以外の参加国は、日本とは違い、外需依存度が極めて高い「小国」ばかりです。しかも、次章で詳しく解説しますが、アメリカも輸出の拡大を望んでおり、これ以上、輸入を増やすつもりはありませんし、そうするための政策手段ももっています。つまり、TPP交渉参加国すべてが、今や、輸出依存国なのです。

また、特異な通商国家であるシンガポールを除くすべての国が、一次産品（鉱物資源や農産品）輸出国です。マレーシア、ベトナム、チリなど、低賃金の労働力を武器にできる発展途上国も少なくありません。

こうした中で、日本だけが一次産品輸出国ではなく、工業製品輸出国です。また、国内市場の大きい先進国として、他の参加国から労働力や農産品の輸入を期待されています。しかし、日本は深刻なデフレ不況にあるため、低賃金の外国人労働者を受け入れるメリットはありません。そんなことをしたら、賃金がさらに下落し、デフレが悪化し、失業者は増えてしまいます。そして農業については国際競争力が脆弱《ぜいじゃく》であるのは言うまでもありません。日本の置かれている経済状況だけが、TPP交渉に参加している国々とは際立って異なるのです。それどころか、むしろ利害は相反すると言ってもよいでしょう。

さて、日本は、いったいどの国々と連携して多数派を形成し、自国に有利なTPPのルール作りを誘導することができるというのでしょうか。できるわけがありません。

しかも、TPPのルールは、シンガポール、チリ、ニュージーランド、ブルネイによるP4がベースとなるものと考えられています。つまり、P4が今後のルール作りを制約するのであり、白地から策定されるわけではありません。そのようなハンディキャップを背負って、外需依存度の高い小国と一次産品輸出国を相手に、日本に有利なルールを作ろうというのは、あまりにも無謀というものです。

▼TPPは日本包囲網

先ほど、TPPは、GDPのシェアで見ると実質的に日米FTAだと述べました。日本とアメリカ以外の国のGDPは、ごくわずかです。しかし、国際的なルール作りにおける一国の発言権は、経済力の大きさを必ずしも反映しません。ブルネイもチリもベトナムも、一国としての発言権を有しています。そして、TPPのルールが、自国の利益になるように働きかけます。これらの国々は、アメリカと声をそろえて農産品の市場の開放を求める一方で、自国の国内市場も開きはしますが、その市場規模は極めて小さいのです。

TPP交渉参加国の実質的な輸出先は、アメリカと日本しかありません。そしてアメリカの輸出先は、ほぼ日本だけであり、日本の輸出先も、ほぼアメリカだけです。しかし、そのアメリカには、次章で見るように、輸入を増やす気は毛頭ないのです。

このような関係からは、次のような状況が生まれ易くなると想像できます。まず、アメリカ以外の交渉参加国は、アメリカとの交渉が難航した場合、代わりに日本への輸出の拡大を目指すことになるでしょう。そしてアメリカの狙いも日本市場です。アメリカがごねれば、その時点で、全ての交渉参加国が日本市場をターゲットにするのです。

ですから、私がアメリカなら、他の交渉参加国に対してさんざんごねた後で、こうもちかけるでしょう。「我々との交渉では譲歩してくれ。その代わりに、我々が日本市場をこじ開けるから、一緒にやらないか」。こうして、アメリカ主導の下、全交渉参加国が、日本に不利なルール作りを支持することになるのです。要するに、ＴＰＰのルール作りは、参加各国の経済構造から生まれた政治力学によって、アメリカ主導で進むように仕組まれているということなのです。

ＴＰＰの交渉に参加したとたん、日本は、アメリカが主導する外需依存国・一次産品輸出国の連合軍に、完全に包囲されるでしょう。日本と同様に工業品輸出国である韓国は、それが分かっているからこそ、ＴＰＰではなく、アメリカとの二国間の交渉で勝負できる米韓ＦＴＡを選択しているのです。

内閣官房の資料は、「逆にＴＰＰに参加しなければ、日本抜きでアジア太平洋の実質的な貿易・投資のルール作りが進む可能性」などと書いて、危機感を煽っています。しかし、繰り返しますが日本だけではなく、中国も韓国も「抜き」なのです。

逆に、中国と韓国がＴＰＰに参加してから、その後で日本が参加した方が、日本に有利なルール作りが進む可能性がより高くなるというものです。中国は例によって、強力な外交力を発揮して、ＴＰＰに数々の例外措置を設けさせ、ＴＰＰのルールをよく言えば柔軟に、悪く言えば骨抜きにしてしまうでしょう。そうなれば、日本に有利なルール作りの余地も出てくるかもしれません。さらに韓国は、同じ工業製品輸出国として、日本と連携してくれる可能性がないとも限りません。

いずれにせよ、日本だけで、アメリカを先頭にした多くの農産品輸出国を相手にするよりは、中国と韓国がいてくれた方が、形勢が少しはましになるでしょう。ＴＰＰに早期に参加しない方が、かえってルールが有利になる可能性が出てくるということです。

▼交渉はアメリカ主導で進む

内閣官房の資料は、「アジア太平洋の地域経済統合枠組み作りを日米が主導する政治的意義大」などと掲げております。しかし、ＴＰＰにおいて、日本がアメリカとともに、経済統合の枠組み作りを主導することなど、できはしません。ＴＰＰ交渉を主導するのは、間違いなく最大の大国アメリカです。

アメリカは農産品輸出国であり、日本の農業市場の開放を望んでいますが、日本からの輸入の増加は望んでいません。日本が、自国の農業市場を保護しようとする限り、日米の利害は相反しているのです。ですから、日本がＴＰＰ交渉において、自国に有利なルールを作ろうとしたら、アメリカと対立することは避けられません。しかし、今の日本は、アメリカに妥協せずに主張を押し通せるようなポジションにはないのです。

日本の対米従属はいつものことですが、最近、その傾向はより顕著にならざるを得なくなっています。なぜなら、尖閣沖における中国漁船の領海侵犯事件や、ロシア大統領の北方領土訪問問題など、領土問題が深刻化しているからです。

戦後の日本は、しばしば、安全保障問題を人質にとられて、通商問題でアメリカに対する妥協を強いられてきました。古くは、一九六〇年代の日米の繊維交渉があります。日本からの輸出によって繊維産業が打撃を受けたアメリカは、日本に輸出規制をするよう求め、交渉の結果、一九七二年の沖縄返還の見返りとして、日本は繊維の輸出を自主規制することになりました。この交渉結果は、当時、「糸を売って縄を買った」と揶揄《やゆ》されました。その後の日米の貿易摩擦においても、陰に陽にと、安全保障の問題がからめられました。そして今もまさに、尖閣沖や北方領土において安全保障上の問題が発生するという事態に直面している中で、軌を一にして、TPP交渉参加問題がもち上がっているのです。

日本は、普天間基地移設問題でアメリカに借りを作っている上に、領土問題に対処するために、これまで以上に、アメリカに助けてもらわなくてはならない立場にあります。そして、そのような中で、弱腰外交が基本の日本があのアメリカに妥協せずに、自国に有利な貿易ルールを作ることができるなどと考える根拠が分かりません。

▼TPPに拘束されて日本の交渉力は低下する

内閣官房の資料は、TPP参加の意義として、最後に「アジア太平洋地域の貿易・投資分野のルール作りにおいて主導的役割を果たすことにより、国際的な貿易・投資分野の交渉や、ルール作りにおける影響力を高め、交渉力の強化に貢献」することを挙げています。しかし、これについては、もはや申し上げる必要はないでしょう。日本がTPPに参加して「アジア太平洋地域の貿易・投資分野のルール作りにおいて主導的役割を果たす」ことは、ほぼ不可能ですので、TPPで、日本の国際的な影響力や交渉力は、まったく強化されないでしょう。

それどころか、TPPに拘束されることによって、日本の国際的な影響力や交渉力は著しく低下する恐れがあります。それを的確に指摘するのは、田代洋一・大妻女子大学教授です。

田代教授は、TPP交渉参加によって、すべての品目を自由化交渉対象とすることは、WTO交渉や、EPA／FTA交渉に影響を与えると主張しています。

WTO交渉では、食料安全保障など、貿易以外の重要事項において配慮することが可能であり、日本はWTO交渉において「多様な農業の共存」を主張してきました。また、EPA／FTA交渉においては、自由化の例外品目を設けることが可能です。しかし、全品目を例外なく関税撤廃交渉の対象にするTPPの協議に参加していると、WTO交渉において非貿易関心事項への配慮を主張したり、EPA／FTA交渉において例外的措置を主張したりしたときに、TPPにおける立場との間で矛盾が生じてしまいます。そのため、日本は、交渉上、不利な立場に追い込まれてしまうのです。[*4] つまり、TPPへの参加は、TPP以外の貿易交渉においても、日本が泳げる範囲を狭め、選べる選択肢を極端に減らしてしまうということです。

「そのような立場に追い込まれても、まったく問題ない」と言えるのは、「あらゆる国との貿易関係においても、例外なき関税の即時撤廃が最も望ましい」という場合に限られます。つまり、原理主義的な自由貿易論者が正しい場合です。しかし、第三章以降で説明しますが、完全な自由貿易が望ましいなどということは、現実の世界ではあり得ません。

▼TPPが政府の自己目的化

さて、政府がTPP交渉参加の意義として挙げた諸点のうち、外交戦略にかかわるものは、これまでの検討によって、あっけなく全滅してしまいました。TPPの経済効果上の意義については、次章以降で検討しますが、これも壊滅することになります。

しかし、政府は、どうしてこのような無理な理屈を積み重ねてまで、TPP交渉への参加を急いでいたのでしょうか。

その理由を示すヒントが、さきほどの内閣官房の資料にあります。そこには、TPP参加の意義のひとつとして、「横浜におけるAPEC首脳会議の主要な成果」という文言があります。これが、TPPの議論を急いだ理由なのです。

おそらく政府は、一一月のAPECを前にして、めぼしい成果を見つけることができなかったのでしょう。何の成果もなく、何のメッセージも発しないで、単に各国首脳が集まったただけに終わった国際会議が、世論の批判を浴びるのは確実です。ただでさえ、「日本は海外に明確なメッセージを発信できない」とか「日本は外交力がなく、国際会議での存在感がない」というのが、国際会議終了後のマス・メディアのお決まりの論評です。

その上、APECを目前にして、尖閣沖や北方領土で領土問題が顕在化し、菅政権の外交力が批判にさらされ、内閣支持率は急落していました。APECをどういうオチにするのか。政府が焦っていたのは想像に難くありません。

政府は、おそらく、APEC開催地の横浜にちなんで「開国」をメッセージにしようと考えていたと思います。それは、幕末・維新のイメージを好む菅首相の趣味にも合っていました。しかし、日本の関税率はすでに相当低いですし、一〇年以上にわたる構造改革のおかげで、関税以外の参入規制も、めぼしいものはほとんど残っていませんでした。そうなると、何をもって「開国」の実を示せばよいのでしょうか。おそらく、このような感じで悩んでいるところに、TPPという話がもち込まれ、政府は「願ったりかなったり」とばかりに、これに飛びついた。そういうことではないでしょうか。

こうして、TPPを「横浜におけるAPEC首脳会議の主要な成果」とすることそれ自体が、TPPの目的になってしまいました。TPPは、国際会議が成功したという形式を整えるためにもち出されたのです。もちろん、そんな目的を掲げるわけにはいかないので、「アジア太平洋の成長を取り込む」だの「国を開くというメッセージ効果」だの「アジア太平洋の地域経済統合の枠組みになる可能性」だのといった、強引な理屈が並べられたのでしょう。結論ありきで理由を後からつけるのでは、論理が苦しくなるのも当然です。

▼日本が危ない

結局、政府は、一一月のAPECでは、TPPについて明確な方針は打ち出せず、「情報収集を進めながら対応していく必要があり、国内の環境整備を早急に進めるとともに、関係国との協議を開始する」とするにとどまりました。さすがに一ヵ月では決められなかったのです。TPP交渉参加の最終的な方針は、二〇一一年六月をめどに出されることになりました。

しかし、政府が、六月に向けて、TPP参加の是非をめぐる十分な議論を進めようとする様子はまったくありません。政府が精力的に進めようとしている議論は、「どうやって反対派を黙らせて、TPP交渉参加という結論にもち込むか」という戦術論だけです。政府は、「情報収集を進めながら対応」と言ってはいますが、この調子では、どうせ結論に都合のよい情報しか、集めようとしないのは、目に見えています。

政府は、TPP交渉参加という結論ありきで、その結論に向かって、止まらなくなっているのです。マス・メディアにおいても、TPP反対論は、農業関係者以外では、ほとんど見当たりません。TPPには、農業だけでなく、金融、サービス、人の移動など、危険な問題が山積しているのに、「自由貿易」「開国」といったムードだけで、話が進もうとしています。このままでは、政府は、「政治のリーダーシップ」「政治の決断」の美名の下に、TPP交渉への参加を強引に決めてしまうのではないでしょうか。

しかし、なぜ、政府や経済界、マス・メディアは、そこまでしてTPPに参加したがるのでしょうか。そこには、何か重大な動機が隠されているのではないでしょうか。

私は、TPPの問題を詳細に検討すると同時に、この「隠された動機」を探ってみることにしました。

第二章　世界の構造変化を読む

▼世界経済で何が問題となっているのか

ＴＰＰは、そもそもは、シンガポール、ブルネイ、チリ、ニュージーランドといった小国による小さな連合でした。ところが、二〇〇九年一一月に、アメリカのオバマ大統領が関与を表明し、それによってＴＰＰの性格は大きく変わりました。ＴＰＰは、四つの小さな通商国家の集まりから、アメリカの世界経済戦略の一端へと変質したのです。

ですから、ＴＰＰが何を狙っているのかを知るには、アメリカの戦略的意図を読まなければなりません。そして、アメリカの戦略的意図を解読するためには、リーマン・ショックという世界経済の一大地殻変動の意味を理解しておかなければなりません。

日本におけるＴＰＰに対するあまりの無防備や無理解は、日本がリーマン・ショック後、世界で何が起こっており、アメリカをはじめとする主要各国が何を考えているのかをまったく分かっていないというところに、その原因があります。ＴＰＰの一件に限らず、政府の経済政策も経済界の主張も、知識人やマス・メディアの論調のほとんども、この世界の構造変化を度外視しているのです。

TPPを理解するということは、単なるアジア太平洋の貿易問題を超えて、世界の経済全体の構造を理解するということなのです。そこで、本章では、一見、迂遠《うえん》なようですが、まず、リーマン・ショックに至る世界経済の構造問題を見ていくこととしましょう。

▼アジア通貨危機までの第一期グローバリゼーション

最近、とみに論じられているように、リーマン・ショックを引き起こした金融のグローバリゼーションは、一九八〇年代に、アメリカが、いわゆる新自由主義的な理念に基づき、規制の緩和など、金融市場の自由化を推し進めたことに端を発しています。

しかし、厳密には、一九八〇年代に始まったグローバリゼーションは、二〇〇八年のリーマン・ショックまでの間で、第一期と第二期のふたつに分けられます[*1]。

第一期のグローバリゼーションは一九八〇年代に始まり、一九九七〜九八年のアジア通貨危機で終焉《しゅうえん》します。前期のグローバリゼーションの原動力になったのは、先ほど述べたように、アメリカの主導による国際的な金融市場の自由化であり、規制緩和などによる国際的な資本取引の活発化です。これにより新興国、とりわけ東アジア諸国には海外から資本が大量に流入し、新興国経済は急成長を遂げました。新興国は海外資本の流入が経済成長を促進するものと考え、対内直接投資を促す政策を積極的に推進しました。また、アメリカを中心とする経済学者や政策担当者は、資本の自由な移動が経済を成長させるものと信じており、この信念を批判したのは一部の良識的な知識人に限られていました。

しかし、無規制な資本の国際的な移動は、経済の変動性（ボラティリティ）を著しく高めました。世界中を自由に移動するマネーは、好況も不況も増幅させるように働き、バブルとクラッシュを起こしやすくしました。また、一国の経済は、世界経済の変動に大きく影響を受けるようになり、政府は自国の経済を管理することができなくなっていきました。こうした状況下で、ロシアや南米において金融危機が発生するようになり、ついに東アジアにおいて巨大な金融危機を引き起こしたのです。

さすがに、この巨大な金融危機を目の当たりにして、経済学者の中からも、金融のグローバリゼーションに対する批判が高まりました。ノーベル経済学賞を受賞したジョセフ・スティグリッツは、その代表格です。また、アメリカのジャグディシュ・バグワティは自由貿易の強力な擁護者として有名ですが、その彼ですら、物品の自由化と金融の自由化は同列には論じられないとして、金融のグローバリゼーションを厳しく批判しました。
バグワティは、自由な資本移動が大きな利益をもたらすことを示す実証的な証拠はないと断言しました。[*2] 例えば、戦後、特異な金融立国のスイスを除く西ヨーロッパでは、一九八〇年代後半までは、資本の自由化なしでも経済成長を遂げていました。中国や日本でも、外国資本による巨額の対内直接投資なしで、高い経済成長を実現しました。むしろ金融の歴史をひもとくと、無規制な金融市場は、危機や混乱を繰り返すものだということが分かります。経済学者のゴードン・ハンソンも、さまざまな対内直接投資の経済効果の研究を整理しつつ、対内直接投資による正の外部効果はほとんどなかったばかりか、国内経済に悪影響を及ぼした場合すらあったという実証研究結果を二〇〇一年に発表しています。[*3]
バグワティは、資本移動の急激な自由化が進められてきたのは、アメリカの金融機関という利益集団の強力なロビー活動のせいであると主張しています。例えば、政府機関の要職は、ウォール街の金融機関の出身者で占められています。政治は、金融機関に有利なように、金融市場の自由化の方向へと動かされているのです。バグワティは、このような政治と金融の癒着を「ウォール街・財務省複合体」と呼んでいます。この政治と金融の癒着は、アメリカの深刻な病理となっており、今もなお、治癒したとは言えません。最近も、IMF（国際通貨基金）のチーフ・エコノミストだったサイモン・ジョンソン教授が、二〇〇九年五月の『アトランティック・マンスリー』誌で、同じことを指摘しています。[*4]

このように、現実の政治がウォール街に乗っ取られているので、金融市場の改革はなかなかうまく進みません。ですが、アジア通貨危機のおかげで、「外資の導入を積極的に促進すればよい」というような考え方は間違いであるという認識は、二一世紀初頭には、世界の有力な知識人の間で共有されるようにはなったと言えます。もっとも、日本では、この期に及んでもなお、外資導入を進めたがる金融資本主義者が生き残っているようですが。

▼リーマン・ショックまでの第二期グローバリゼーション

アジア通貨危機によって自由な国際資本移動の問題点が明らかになったとはいえ、国際金融システムの制度改革が進んだというわけではなく、グローバル経済の脆弱性・不安定性は残されたままでした。

金融危機に懲りた東アジア諸国は、こうしたことが二度と起きないように、対策をとり始めました。金融危機によるショックそれ自体もさることながら、危機後のＩＭＦによる改革要求は、東アジア諸国にとって理不尽かつ屈辱的なものでした。これに心底懲りた東アジア諸国は、金融リスクに強い経済構造を構築し始めました。

しかし、皮肉なことに、この東アジア諸国によるリスク対策が、再びグローバリゼーションを促進する結果となり、さらにリーマン・ショックの原因のひとつにすらなってしまったのです。このアジア通貨危機から二〇〇八年までが、第二期のグローバリゼーションということになります。

ではなぜ、東アジア諸国の金融危機抑止策が、リーマン・ショックを引き起こすことになったのでしょうか。

アジア通貨危機後、東アジア諸国は二度と債務危機に陥らないように、経常収支黒字をため込み始めます。中国がその典型ですが、東アジア諸国は、輸出に有利になるように為替に介入し、輸出主導の経済成長を推進し、国内の消費は抑え気味にし、外貨準備高を積み上げていきました。

ＩＭＦによると、新興国や途上国の経常収支の平均は、一九九〇〜九八年においては、

GDPの一・七％の赤字でしたが、一九九九〜二〇〇八年には、逆に二・五％の黒字だということです。また、国際金融市場により統合され、対外開放度（GDPに占める輸出と輸入の割合）が高い国ほど、金融危機のリスクに備えるために、より防衛的な政策をとったと言われています。

こうして東アジア諸国がため込んだ経常収支黒字は、世界中、特にアメリカへと還流していきました。その結果、アメリカ及び世界中で金利が低下し、世界経済は好況になっていきました。

しかも、新興国の資金は、アメリカ国債など比較的安全な資産を優先的に購入していったため、民間資金の方は、よりハイリスク・ハイリターンの資産を求めていくようになりました。資金が潤沢に供給され、市場も将来に対して楽観的になり、投資家たちは強気になっていきます。市場の強気な資金需要に応えるべく、新たな金融商品も次々と開発されていきます。こうした中で、アメリカで住宅バブルが発生します。それは、アメリカ国内のみならず、グローバル金融市場を通じて、ヨーロッパにも広まっていきました。

住宅バブルを背景に、アメリカの消費者は、自分の稼ぎ以上に貪欲に消費を拡大し続けました。中国など東アジア諸国は、アメリカに向けて輸出を拡大し、輸出主導による好景気を謳歌《おうか》しました。言うまでもなく、日本もその恩恵を受け、二〇〇二〜〇六年の景気回復を実現しました。

しかし、アジア通貨危機のトラウマをもつ東アジア諸国は、「羹《あつもの》に懲りてなますを吹く」のたとえどおり、経常収支黒字をため込み続け、内需を抑制し続け、稼いだ経常収支黒字を再び海外投資へと向けました。このため、東アジア諸国からアメリカへの資金の流れはさらに拡大するという循環が発生したのです。これが、第二期の金融のグローバリゼーションです。

図4は、この第二期のグローバリゼーションによる世界経済の貿易の流れを図式化したものです（なお、説明の便宜上、アメリカとEUの間の貿易の流れは省略しています）。

▼グローバル・インバランス問題とは？

第二期のグローバリゼーションについては、これまでの説明と図4から、ふたつの特徴が明らかになります。

図4　主要国・地域間の貿易額

（2006年）

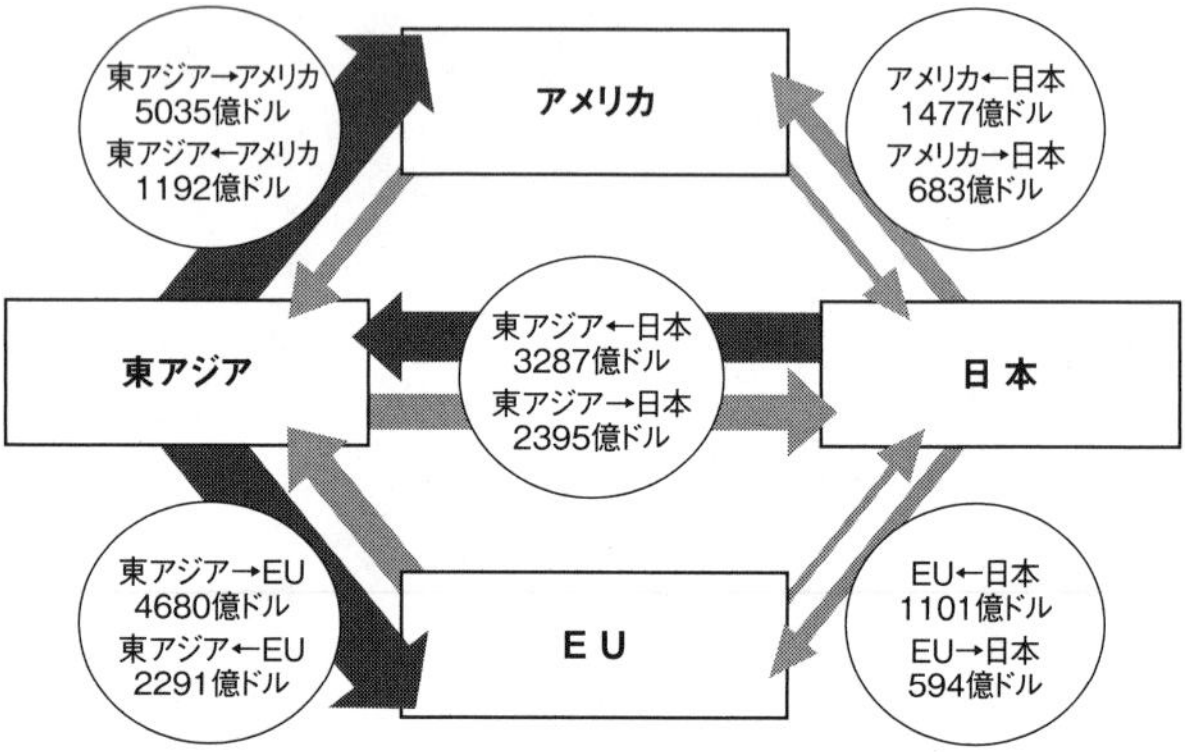

経済産業研究所「RIETI-TID2006」より作成

ひとつは、第二期のグローバリゼーション、すなわち二〇〇〇年代半ばまでの世界経済の好況は、アメリカの住宅バブルと、それを背景にしたアメリカの消費者の過剰な消費に全面的に依存していたのだということです。

そしてもうひとつは、この時期、目覚ましい成長を遂げた東アジア、特に中国は、アメリカやヨーロッパへの輸出に依存して成長していたのであり、自国の内需の拡大による成長では必ずしもないということです。そして、アメリカの輸入は、住宅バブルによる過剰消費の産物だったわけですし、ヨーロッパもバブルの影響を受けていたわけですから、アジアの成長センターなるものは、実は、アメリカの住宅バブルのたまものだったということなのです。

二〇〇二〜〇六年の日本の景気回復は、成長する東アジアへの輸出によるところが大きかったのは事実です。このときの成功体験から、「成長するアジア市場を獲得せよ」といったことが叫ばれ、政府や財界を先頭に、今も叫んでいる人がたくさんいます。しかし、図4から明らかなように、日本は確かに東アジアへ巨額の輸出を行っていますが、東アジアはさらにアメリカやヨーロッパに巨額の輸出を行っています。これは、日本が東アジアへ資本財を輸出し、東アジアで加工組み立てが行われて最終製品となり、その最終製品の消費地がアメリカやヨーロッパだということを示しているのです。日本は、東アジアというよりは、東アジアを経由して、バブルで浮かれるアメリカやヨーロッパに輸出をしていたということです。これが、日本から東アジアへの輸出の拡大の正体です。

ですから、アメリカの住宅バブルが崩壊し、最終消費地が不況になれば、東アジアも不況になり、日本の輸出も伸びなくなるのです。

二〇〇八年のリーマン・ショック後、世界経済が大不況になる中、中国がＧＤＰの数字上は、いち早く景気回復を果たしてみせました。このため、日本では、再び「中国市場を獲得せよ」「中国の活力を取り込め」と言い出す論者が増え、新たに発足した民主党政権も、中国の需要を獲得することを主要な柱のひとつにして、成長戦略を策定していました。

しかし、リーマン・ショック後の中国の成長は、空前の公共投資と強引な金融緩和、そして人民元の安値での固定による輸出競争力の強化によるものであって、アメリカ経済とは無関係に、中国の消費が順調に伸びたものと考えるべきではありません。現に、中国は、本書執筆時点において、公共投資の大幅拡大と金融緩和のために、急激なインフレと資産バブルに見舞われており、その対策に躍起になっているのです。

加えて、リーマン・ショックを契機に、アメリカを先頭に世界中で、金融緩和が行われました。しかし、資金需要が生まれてこないため、世界中に資金が過剰に供給され始めました。このため、過剰に供給された資金は、新興国経済に流れ込んでバブルを引き起こす恐れが生じたり、あるいは金、食料、原油などの商品市場に流れ込んで、これら商品の価格を急騰させる恐れを発生させたりしています。

世界経済を正常化し、安定化させるには、金融政策だけではダメなのです。実体経済を動かさなくてはなりません。すなわち、需要を拡大しなければならないのです。しかし、これまで世界経済を引っ張ってきたアメリカの旺盛な消費需要は、住宅バブルの崩壊によって消滅しました。もはやアメリカの消費を頼むことはできません。アメリカの消費需要にとって代わる牽引役を見つけ出さなければ、世界経済の正常化はあり得ません。アメリカだけが輸入し、一方的に経常収支赤字を計上する一方で、東アジア諸国は輸出一本やりで、経常収支黒字をため込むという、世界的な貿易不均衡は、もはや持続不可能だということです。

これが、グローバル・インバランスと言われる問題です。リーマン・ショック以後の世界経済の立て直しの議論は、「グローバル・インバランスをどうやって是正するのか」という一点に集約されていると言っても過言ではありません。

▼日本に期待する国連

では、アメリカの消費者に代わって、誰が世界経済を引っ張ることができるのでしょうか。国際連合貿易開発会議（UNCTAD）が、二〇一〇年版「貿易開発報告書」において、この問題を論じています。

二〇〇〇年代は、アメリカの過剰な消費が世界経済の成長を牽引していた。しかし、このグローバル・インバランスの世界経済の構造こそが、金融危機の遠因である。このグローバル・インバランスの構造は、もはや持続不可能である。世界経済秩序の安定化のためには、グローバル・インバランスの是正（リバランス）が必要である。すなわち、アメリカは過剰消費を改める一方で、日本、ドイツ、中国といった経常収支黒字国は、内需を拡大し、輸入を増やすべきである。しかし、今のところ、日本、ドイツ、中国のいずれもが、依然として輸出主導で景気回復を図ろうとしている。このため、リバランスは進んでおらず、世界経済は依然として脆弱な構造のままである。

「貿易開発報告書」は、このように述べた上で、アメリカに代わる牽引役を検討しています。その中で、成長の期待が大きい中国については、アメリカの代役を期待することはできないと国連貿易開発会議は結論するのです。

その理由は、第一に、中国の消費規模がアメリカの八分の一程度に過ぎず、しかもそのうち輸入は八％を占めるに過ぎないからです。中国経済の台頭と言っても、その消費規模・輸入規模は、アメリカに比べるとはるかに小さいというのです。

そして第二に、アメリカと中国では、輸入している消費財の性質がまったく違うからです。「貿易開発報告書」は、主要各国が輸入している製品とアメリカが輸入している製品の類似度を、一定の推計方法に従って、比較しています。それによると、アメリカが輸入している製品との類似度が九〇％以上であるのはドイツであり、次いで日本の類似度が七〇〜八〇％となっています。韓国も日本と同じくらいの類似度となっています。これに比べて、中国が輸入している製品の類似度は、四〇〜五〇％程度しかありません。つまり、中国は、アメリカが輸入している製品とは、かなり性質の違うものを輸入しているということです。

このように、中国の消費需要は、量と質の両面から見て、アメリカの消費需要の代わりにはならないというのが、国連貿易開発会議の結論なのです。では、どの国の消費需要であれば、アメリカが失った消費需要に代わって、世界経済を牽引できるのでしょうか。

国連貿易開発会議は、それはドイツと日本だと指摘しています。ドイツと日本は、消費需要の規模が大きいだけではなく、輸入している製品の性質がアメリカと近いからです。特に日本は、ドイツより消費規模が大きいことから、ドイツ以上の役割を果たすことができると期待されています。国連貿易開発会議は、リーマン・ショック後の世界経済の秩序回復、すなわち「リバランス」のためには、ドイツ、そしてそれ以上に日本が内需主導で成長し、輸入を拡大すべきであると主張しているのです。

ところが、日本では、ほとんどこのような議論がなされていません。それどころか、日本は、依然として輸出主導の経済成長を目指しています。しかし、それは、国連貿易開発会議が懸念するように、リーマン・ショック以後の世界秩序の再建という、世界が取り組むべき問題に対し背を向け、問題を悪化させるものなのです。

私は、この国連貿易開発会議の見解は、基本的に正しいと思います。日本は輸出主導ではなく、内需主導の成長によって輸入を増やすべきです。ただし、輸入を増やすためのやり方は、TPPへの参加による関税の撤廃によるべきではありません。この点は、本書の非常に重要なテーマのひとつですので、次章以降において、詳しく議論します。

いずれにせよ、グローバル・インバランスは、リーマン・ショック後の世界共通の問題であり、日本は、このグローバル・インバランスを是正し、世界経済秩序の安定化のために大きな役割を果たすことができると、国連からも期待されているのです。

それなのに、日本国内では、成長するアジア太平洋地域の市場を獲って成長していかなければ「世界の孤児になる」などという議論がまかり通っています。日本は、世界が進もうとしている方向性についてまったく知らず、むしろそれに逆行しています。世界情勢を知るべきだという意味では、確かに日本には「開国」が必要なのかもしれません。

▼輸出倍増がアメリカの基本戦略

さて、ＴＰＰにおけるアメリカの狙いを読むためには、これまで説明したような世界経済の構造問題、すなわち「グローバル・インバランス」の是正という問題を頭に入れておかなければなりません。なぜなら、この問題が、アメリカの戦略の基本にあるからです。

アメリカは、グローバル・インバランスこそがリーマン・ショックを引き起こしたのであり、自国の過剰消費によって輸入超過を続け、世界経済を引っ張っていくことはもはやできないという認識に至りました。そして、グローバル・インバランスの是正のために、消費を抑制し、逆に貯蓄を促し、輸出を促進し、輸入を抑制して、経常収支の赤字を削減しようと考えているのです。これが、アメリカの国際経済戦略の基本路線です。

オバマ大統領は、二〇一〇年の一般教書演説において、今後五年間で輸出を倍増するという「国家輸出戦略」を提唱しました。まさに、グローバル・インバランスの原因であるアメリカの経常収支赤字の削減に乗り出したのです。

アメリカの経常収支赤字の削減は、裏を返せば、アメリカへの輸出に依存して成長してきた国々が、内需を拡大して輸入を増やし、その経常収支黒字を削減することと表裏一体です。したがって、アメリカの輸出倍増の戦略は、同時に経常収支黒字国への内需拡大の圧力を伴います。

二〇一〇年六月三日、アメリカのガイトナー財務長官は各国に次のような書簡を送りました。

「アメリカの貯蓄率向上のために必要な変化は、日本とヨーロッパの経常収支黒字国による内需拡大や民需の持続的な伸び、さらには中国の一層柔軟な為替政策によって補われる必要がある」

同年一〇月一日には、アメリカ国家経済会議のサマーズ委員長（当時）も、国際会議において「世界経済は再調整を必要としている。アメリカの消費者は、世界経済の成長の唯一のエンジンにはなれない」と発言しています。アメリカは、もはや輸入を増やす気はないのです。

ガイトナー財務長官は、経常収支黒字国の内需拡大に加えて、「一層柔軟な為替政策」が必要だと述べていますが、これは中国の為替政策を批判しているのです。世界金融危機の勃発《ぼっぱつ》により不況に陥った中国は、人民元を安価に固定して国際競争力を強化し、輸出を拡大することで景気を回復させようとしました。アメリカは、この中国の人為的な為替操作により、中国からアメリカへの輸出が増え、アメリカの経常収支赤字の削減の妨げになっていると考えています。そこでアメリカは中国に対し、人民元の切り上げを求めましたが、中国はこれを拒否しました。この人民元問題は、米中間の重大な懸案になっています。

しかし、反対にアメリカの方も、経常収支赤字の削減のためにドル安を志向することが容易に想定されます。アメリカは、中国などを念頭に、「通貨安戦争はすべきではない」と訴えていますが、自らは、金融緩和策を打ち続けており、それによってドルは安くなっています。

かつての世界恐慌のときも、各国は通貨の切り下げ競争を演じました。自国通貨を安くして国際競争力を強化し、世界市場を奪い合ったのです。そして現在、世界恐慌のときと同じように、通貨安戦争が勃発したかのようです。自国通貨を安価に誘導して輸出を拡大し、他国の需要を奪い取る政策は「近隣窮乏化政策」と呼ばれています。各国とも不況の中で、他国を犠牲にしてでも自国民の雇用を守ろうとするのです。

ここで、気をつけなければならないのは、アメリカの輸出倍増戦略には、ふたつの側面があるということです。

ひとつは、「グローバル・インバランスの是正による世界経済の再建」という側面です。アメリカが輸出を増やし、経常収支赤字を削減することは、アメリカのみならず、世界全体の利益のために必要なことなのです。

他方アメリカの輸出倍増戦略には、もうひとつ、「アメリカの雇用の拡大」という国内向けの側面もあります。これは、アメリカが、自国の雇用を増やし、失業率を下げるために、他国を犠牲にしてでも、輸出を増やすというものです。

民主主義国家では、失業の増加は、選挙民の不満を増幅させ、政権の基盤を不安定にします。実際、アメリカの失業率は一〇%近くまで上がり、オバマ大統領の支持率は急落し、中間選挙では与党は敗北しました。オバマ大統領は、政権を維持するためにも失業率を下げなければならず、そのためには、なりふりかまわず輸出拡大に打って出る可能性が十分にあります。

要するに、アメリカの輸出倍増戦略には、アメリカ以外の国々との間で互恵的な目的（グローバル・インバランスの是正）と、利己的な目的（輸出の拡大による国内の雇用の確保）というふたつの側面があるということなのです。私たちは、アメリカの輸出倍増戦略を読む場合、このふたつの側面を念頭におかなければなりません。アメリカが輸出を増やそうとしているからといって、それを敵視する必要は必ずしもありませんが、他方で、警戒しなければならないのも確かだということです。超大国アメリカの戦略は、つねに複眼的に見る必要があります。

さて、目下の懸案のＴＰＰは、このアメリカの基本戦略である輸出倍増戦略の中に位置づけられているのです。

▼アメリカが狙う市場は日本

ＴＰＰがアメリカの輸出倍増戦略の一環であることは、オバマ大統領自身が、わざわざ日本にまでお越しになって、公の場でのたまっています。

ＡＰＥＣに出席するために来日したオバマ大統領は、横浜市において、アメリカが今後五年間で輸出を倍増する戦略を進めていることを説明した上で、次のように発言しました。「それが、今週アジアを訪れた理由の大きな部分だ。この地域で、輸出を増やすことにアメリカは大きな機会を見出している」「国外に一〇億ドル（約八二五億円）輸出するたびに、国内に五〇〇〇人の職が維持される」「巨額の貿易黒字がある国は輸出への不健全な依存をやめ、内需拡大策をとるべきだ。いかなる国も、アメリカに輸出さえすれば経済的に繁栄できると考えるべきではない」

ＴＰＰを推進するオバマ大統領は、アジア地域への輸出の拡大によってアメリカ国内の雇用を維持しようとしており、かつ輸入を増やすつもりがなく、逆に貿易黒字国に対して内需を拡大し、アメリカからの輸入を増やすように求めているのです。

▼足元が危ないオバマ政権

なぜオバマ大統領は、あからさまに、アジアへの輸出拡大によって自国の雇用を守りたいと演説したのでしょうか。

それは、この演説がアメリカ国内の有権者を意識したものだからです。オバマ政権の支持率は低下し、大統領は追い込まれていました。

アメリカの輸出倍増戦略は、互恵的な側面と利己的な側面があると述べましたが、そのうち利己的な側面の方がより前面に出てこざるを得ないような状況になっていたのです。不景気になると、国家が、自国民の雇用を守るのを優先して、利己的になるのは当たり前のことです。それは、民主主義国家であれば、なおさらです。

さて、演説の中で、オバマ大統領はアジア地域への輸出に期待感を表明していますが、アメリカの有力な輸出先となりそうなアジアの国で、かつ対米貿易黒字が大きいのは、どこでしょうか。それは、中国と日本です。

中国と日本以外の国は、外需依存度が高い小国ばかりです。例えば、韓国はＧＤＰに占める輸出の依存度が四割を超えており、アメリカの輸出先としては、あまり魅力はありません。これに対し、中国は、輸出依存度が三割を超えてはいますが、国内市場の規模は、日本を除く他のアジア諸国と比べれば、かなり大きいでしょう。そこで、アメリカは、中国の国内市場をこじ開けるため、人民元の切り上げを求めて圧力をかけています。しかし、人民元問題の戦線は、膠着《こうちゃく》状態に陥っています。そこで、アメリカの次なるターゲットとして、日本が浮上するのです。

では、アメリカは、日本に対しては、どのような戦略を仕掛けようとしているのでしょうか。その戦略こそ、TPPにほかなりません。

アメリカは、輸出倍増戦略の一環としてTPPを位置づけています。しかし、TPP参加国は、輸出依存度の高い小国ばかりで、アメリカの輸出倍増戦略に貢献してくれそうな大きな国内市場をもつ国は、まったく見当たりません。そこで、アメリカは、TPPに日本を巻き込もうとしているのです。

▼内向きになるアメリカ

国内の足元が危なくなったオバマ政権は、雇用を増やすため、そして支持をつなぎとめるために、なりふりかまわなくなっています。そして、TPPは、そのための手段のひとつなのです。アメリカには、TPPを、アジア太平洋諸国にとって互恵的な「新たな地域経済統合の枠組み」の基礎にするつもりなど、毛頭ありません。そのことを確認するために、二〇一一年の大統領一般教書演説を参照してみましょう。

まず、一般教書演説の中には、「自由貿易」という言葉はひとつも出てきません。アメリカは、かつてのような互恵的な世界自由貿易体制の守護神をもはや自任してすらいないのです。そして貿易政策については、次のように述べています。

企業がもっと海外に製品を売るのを助けるため、我々は二〇一四年までに輸出を二倍にする目標を設定している。なぜなら、我々がより多く輸出すれば、この国でもっと雇用を生み出せるからだ。すでに我々の輸出は増えている。最近、我々は、インドと中国との合意に署名したが、それは合衆国の二五万人以上の雇用を支えることだろう。そして先月、我々は韓国との貿易協定に合意したが、それは少なくとも七万人のアメリカ人の雇用を支えるだろう。この協定は、産業界と労働者、民主党と共和党から前例のない支持を得ている。そして私は、議会に対し、これを可及的速やかに通すことを要請する。私は就任前、貿易協定を強化すること、そして、アメリカの労働者を裏切らず、アメリカの雇用を促進するような協定にのみ署名することを明言した。それこそが韓国との協定であり、パナマやコロンビアとの協定交渉やアジア太平洋そしてグローバルな貿易交渉の継続の中で私がやろうとしていることである。

貿易政策については、これで全部です。まずオバマ大統領は、貿易協定が、アメリカの雇用を増やすための輸出倍増戦略の一環であることを重ねて強調しています。そして、アジア太平洋との貿易交渉も、その中に位置づけています。オバマ大統領の視線は国内にしか向いていません。完全に内向きなのです。

逆に言えば、オバマ大統領の施政方針を示す一般教書演説の中で、TPPは、この程度の扱いなのです。もしアメリカが、国際的なリーダーシップを発揮して、TPPを「アジア太平洋の新たな地域経済統合の枠組み」として発展させるようなグランド・ストラテジーをもっているのだとしたら、このような貧相かつ内向きな言い方をするはずがありません。もっとも、衰えたりとはいえアメリカ合衆国の大統領たる者が、世界中の人々が聞いている一般教書演説の中で、さすがに、利己的に他国の市場を収奪する戦略を高らかに宣言するわけにもいかないから、TPPを含む貿易政策については、この程度の小さな扱いにとどめたのでしょう。

TPPは、しょせんは、アメリカの、アメリカによる、アメリカのための貿易協定に過ぎないのです。アジア太平洋の地域経済統合とか、貿易・投資に関する先進的ルールとか、日米同盟の強化とか、中国包囲網とか、そんな大げさな話では全くありません。勝手に日本国内だけで、そんなふうに大騒ぎしているだけなのです。

▼TPPとドル安の両面作戦

第一章で明らかになったように、日本が加わった場合のTPPは、GDPにして日米が九割以上を占めます。TPPは、実質的に日米FTAなのです。アジアはほとんど関係がありません。

ＴＰＰにおいて、アメリカが期待できる輸出先は、実質的に日本しかありません。逆に、日本が期待できる輸出先は、実質的にアメリカしかありません。

ところが、アメリカの国際経済戦略の基本は、経常収支赤字の削減なのです。アメリカは、輸出を飛躍的に増やしたいと切望しているのですが、輸入を増やすつもりは毛頭ありません。これをＴＰＰに置いて考えれば、アメリカは日本への輸出を格段に伸ばす一方で、日本からの輸入は阻止したいと考えているということです。

では、アメリカは、どうやってＴＰＰによって、日本への輸出を伸ばし、日本からの輸入を阻止しようとしているのでしょうか。

一見すると、ＴＰＰによって日米両国の関税が同じように引き下げられた場合、自由貿易の結果、日本の方が貿易黒字になり、アメリカは赤字になってしまうようにも思えます。しかし、戦後のＧＡＴＴ／ＷＴＯの交渉で、関税がかなり引き下げられている今日では、関税は、もはや、国内市場を保護する主な手段ではなくなっているのです。

グローバル化した今日の世界において、国内市場を保護するための最も強力な手段は、関税ではありません。通貨なのです。

アメリカは、経常収支赤字の削減という、リーマン・ショック以後の経済戦略の大命題のために、ドル安を志向するようになっています。また、今回の不況が大規模かつ長期化の様相を呈しているため、アメリカは当面、金融緩和政策をとらざるを得ず、その点からも、ドル安が基調としてしばらく続くことが見込まれます。このドル安は、日本企業の国際競争力を奪う強力な手段です。

また、ドル安は、国際競争力で不利になりたくない日本の製造業に対し、アメリカにおける現地生産比率を高めるように仕向けることができます。ドルが安いだけではなく、安定しないというリスクだけでも、日本企業が海外生産比率を高めるのに十分な効果を発揮します。

すでに日本の製造業の現地生産は進展しています。日本の自動車メーカーは、アメリカでの新車販売台数の六割以上を、現地生産車としています。報道によれば、ホンダの二〇〇九年のアメリカでの現地生産比率は、八割を超えているそうです。[*5] 日本の輸出産業は、為替リスクの回避のために、すでに海外生産比率を高めてきているのです。言いかえれば、海外生産の進展によって、関税の有無は、もはや輸出の増減と関係なくなりつつあるということです。ドル安が続く限り、この傾向はさらに進むのは想像に難くありません。

アメリカでの現地生産が進むのであれば、仮に日本がＴＰＰに参加し、アメリカに関税を全廃してもらったとしても、もはや関税撤廃と輸出競争力の強化とは何の関係もないことになってしまいます。ＴＰＰに参加して日本の輸出を伸ばそうというもくろみは、ドル安によって潰《つぶ》されるのです。

その一方で、ドル安でさらに安価になった輸入農作物は、関税の防波堤を失った日本の農業市場に殺到し、日本の農業に壊滅的な打撃を与えるのは、ほぼ間違いありません。グローバルに活動する製造業であれば、海外生産によって為替リスクも関税も回避して生き残れますが、大地に根を下ろして営まれている日本の農業は逃げられません。

仮に将来、アメリカが経常収支赤字の削減に成功し、あるいは不況脱出に成功して、ドル安が終了したとしても、いったん失われた日本の農業を関税なしで復活させることは、ほぼ不可能でしょう。食料のアメリカ依存、すなわちアメリカによる日本の農業市場の支配がさらに深まることは確実です。

▼TPPはトロイの木馬

まとめると、アメリカのTPPにおける狙いは、次のようなものです。

まず、日本をTPPに誘い込みます。TPP交渉は、その参加国がアメリカの味方になるようになっており、アメリカ主導でルールが形成できる場です。アメリカは、そのTPPに日本を誘い込んだ上で、多数派工作をして日本を包囲します。

そして、アメリカは、日本の関税の引き下げと同時に、自国の関税を引き下げてみせはします。しかし、ドル安に誘導することによって、日本企業の輸出競争力を奪い、あるいは日本企業のアメリカでの現地生産を促し、自国の雇用を守ります。アメリカにとって関税とは、国内市場を保護するためのディフェンスではなく、日本の農業関税というディフェンスを突破するためのフェイントに過ぎないのです。

こうしてアメリカは、日本に輸出の恩恵を与えず、国内の雇用も失わずして、日本の農産品市場を一方的に収奪することができます。これがアメリカの狙いです。突如浮上したかに見えるTPPとは、実は、アメリカの輸出倍増戦略の一端として、周到に準備された計略だったのです。

日本では「日米FTAを結べない遅れをTPPで挽回すべきだ」という議論があります。アメリカは日米FTAには関心がありませんが、TPPであれば前向きなのです。しかし、それはまさに日米FTAよりもTPPのほうがアメリカに有利な方向に進められると判断しているからにほかなりません。

西洋には、「トロイが木馬を受け取って以来、外国からの贈り物には気をつけた方がよい」という警句があります。オバマ大統領が「環太平洋で連携しましょうよ、カモーン」と言って、差し出してきたTPPという贈り物は、実は、日本の農業市場の防壁を中から打ち破るための「トロイの木馬」なのです。

▼通貨安競争を考慮していない政府の試算

前章において参照した内閣官房の「包括的経済連携に関する検討状況」という資料には、TPPに関する経済効果の試算として、以下の三つが出されています。

①川崎研一氏（内閣府経済社会総合研究所客員主任研究員）による試算

実質ＧＤＰ〇・四八〜〇・六五％増（二・四兆〜三・二兆円程度増）

②経済産業省による試算

日本がＴＰＰ、ＥＵと中国とのＥＰＡいずれも締結せず、韓国が米国・中国・ＥＵとＦＴＡを締結した場合、自動車、電気電子、機械産業の三業種について、二〇二〇年に日本産品が米国・中国・ＥＵで市場シェアを失うことによる関連産業を含めた影響試算

二〇二〇年の実質ＧＤＰ一・五三％減（一〇・五兆円程度減）　この内　米国市場関連　一・八八兆円程度減

③農林水産省による試算

コメ、小麦等主要農産品一九品目について、全世界を対象に直ちに関税を撤廃し、何らの対策も講じない場合の農業への影響試算

・農産物の生産額減少→年間四・一兆円程度

・食料自給率（供給熱量ベース）　四〇％→一四％程度に減少

・多面的機能の喪失額→三・七兆円程度

・農業関連産業も含めた国内総生産への影響試算→年間七・九兆円程度

そもそも、この手の「試算」なるものは、さまざまな前提を置いた上で弾き出された参考値であり、現実の世界を必ずしも正確には反映していません。例えば、現実世界では大きな影響を及ぼすデフレを考慮していなかったり、あるいは為替レートについては、実際の世界の動きとは無関係に、恣意的《しいてき》に一定の値を設定したりすることがあります。TPPへの参加がプラスになるという①や②の試算も、デフレや為替レートの変動を考慮していない可能性があります。もっとも、これは、経済モデルというものの性格上、ある程度仕方のないことであり、だからアナリストたちは、経済モデルの試算結果を、あくまで「参考値」として提出します。

また、こうした試算結果を政策の意思決定に用いようとする場合は、しばしば一定の結論を誘導しようとする意図が働くので、試算結果にバイアスがかかるのが一般的です。例えばTPPに反対する農林水産省はマイナスの経済効果を大きく弾き出そうとし、TPPに賛成する経済産業省は、農林水産省の出す数値を上回るように数字を操作する可能性があるのです。ですから、試算というものの多くは、よく言って「あくまで参考値」、悪く言えば「眉つば」と考えた方がよいと思います。

しかし、数字というものは一人歩きをします。現に、TPPをめぐる議論において、マス・メディアは、これら各種の試算がどのような前提を置いているのかを十分に説明しないで、試算結果だけを報道していました。例えば、「経済産業省プラス一〇・五兆円、農林水産省マイナス七・九兆円と試算」といったような感じです。

いずれにせよ、試算というものは、あくまで参考値ですから、ここでは、各種の試算結果を詳細に吟味することはしません。ただ、これらの試算が、デフレや通貨という重大な要素を考慮していないのではないか、という点を指摘しておきたいと思います。では具体的に、②の経済産業省の試算をとりあげて、議論してみましょう。

▼仮想敵国は韓国？

一章で指摘したように経済産業省の試算は、「日本がTPP、EUと中国とのEPAいずれも締結せず、韓国が米国・中国・EUとFTAを締結した場合」という前提が置かれています。ここから分かるように、経済産業省の基本的な関心は、欧米中の市場において、韓国との競争に勝ち残るということ、この一点に集中しています。TPPは、韓国との国際競争に勝つための手段なのです。

内閣官房の資料によればアメリカとEUにおける主な高関税品目は次のとおりです。

①アメリカにおける主な高関税品目

乗用車二・五％、トラック二五％、ベアリング九％、ポリスチレン・ポリエステル六・五％、LCDモニター・カラーTV・DTV五％、電気アンプ・スピーカー四・九％

②EUにおける主な高関税品目

乗用車一〇％、薄型TV一四％、液晶ディスプレイモニター一四％、複合機六％、電子レンジ五％

これらの関税が、韓国については、EUとはFTA発効後五年以内、アメリカとはFT

Ａ発効後一〇年以内に、全廃されます。そうなると、日本企業は、ＥＵとアメリカにおいて、韓国企業に対し、関税の面で不利な状況に置かれます。経済産業省は、これを避けたいと強く思っているようです。

近年、韓国企業の国際競争力が日本企業を脅かしていると言われています。経済産業省は、韓国企業によって世界市場における日本企業のシェアが、韓国のＦＴＡによってさらに奪われるのを恐れています。そして、日本の経済成長のためには、日本の輸出企業が韓国企業に負けない国際競争力をもつことが不可欠だと考えているのです。

ですから、経済産業省にとって、ＴＰＰ参加の意義とは、韓国との国際競争に勝って、日本経済を成長させることに尽きると言っても過言ではありません。

▼問題は関税ではなく、通貨

しかし、これまで説明してきたように、グローバル化した世界においては、国際競争力には、関税より通貨の影響が大きいのです。

最近、韓国企業の国際競争力は、確かに著しく強くなっており、日本企業が韓国企業の後塵を拝するようなケースが目立っています。これについては、「韓国はトップの決断力が速いが、日本の意思決定は遅い」だとか「韓国企業は選択と集中を進めているが、日本はそれができていない」だとか、さまざまな説明がなされています。

しかし、韓国企業の競争力の原因は、そんなもっともらしい経営学の話をもち出さなくても、通貨で十分説明できます。というのも、二〇一〇年一一月は、二〇〇六年と比較して四六％も円高・ウォン安となっているからです。この四年間で、ウォンの価値は円の半分程度にまで下落しているのですから、これでは、日本に対する韓国の国際競争力が強くなるのは当たり前です。韓国と日本の国際競争は、関税の有無以前に、為替レートで勝負が決まっているのです。ですから、仮に日本が欧米の関税を韓国同様にゼロにしてもらったとしても、ウォンがもしさらに二〇％下落したら、その効果は相殺されてしまいます。

逆に、日本に対する関税の引き下げがなくとも、二〇％の円安ウォン高となれば、関税の存在は問題がなくなります。しかも、為替レートは、理論上は、貿易黒字が増えると高くなります。韓国の輸出の好調が続き、貿易黒字をため込んでいけば、少なくとも理論上は、ウォンは高くなる方向へと圧力がかかるのです。

もちろん、為替レートが一定という条件の下で試算すれば、関税における日韓の扱いの違いは、両国の競争力に影響を与えることになるでしょう。しかし、グローバル化した世界では、関税より通貨の影響の方がはるかに大きいのです。例えば、仮にEU市場やアメリカ市場において、日韓で差別的な関税の取り扱いをされたとしても、ユーロ安やドル安は、日本企業をして現地生産比率を高める方向へと動かすので、関税の有無は、そもそも関係がなくなってしまうのです。そして、世界不況で各国が自国通貨安を望み、EUもアメリカも不況の深刻化・長期化で金融緩和が続くことを考えると、ユーロ安とドル安は、当分続くと見込まれます。

もっと問題なのは、EUとアメリカの不況の深刻化・長期化です。すでにEUもアメリカも、高い失業率や需要の縮小に悩んでいます。このように深刻な不況の長期化が予想され、需要が縮小している先進国の市場に向けて、輸出を伸ばすことがどうしてできるのでしょうか。経済産業省は、韓国との競争の勝ち負けにばかり関心が向いていますが、日韓ともに、欧米市場で輸出を伸ばせないという可能性も十分にあるのです。

このような厳しい世界市場の情勢の中で、それでも韓国が輸出を伸ばそうと努力しているのは、韓国がＧＤＰの四割以上を輸出に依存する外需依存国だからです。外需依存度の高い国は、世界市場へのアクセスを維持・拡大するしか、生き残る道がないのです。

これに対して、日本は、ＧＤＰに占める輸出の比率は二割にも満たないという内需大国であり、韓国とは事情が違います。逆に言えば、日本が韓国との競争に勝って輸出をいくら伸ばしたとしても、全体の二割以下しかない輸出で、日本経済全体を引っ張るのは至難の業です。しかも、円高が続くと見込まれる状況下において、それを実現するには、およそ現実には考えられないほど強力な国際競争力を身につけなければならないでしょう。

仮に日本が、そのような恐るべき国際競争力を身につけ、輸出を拡大し、貿易黒字を増やしたとしても、変動為替制の下では、貿易黒字が増えると円の価値は上昇してしまいます。そして、円高は、せっかく苦労して強化した国際競争力をあっさり減殺していくのです。「お疲れさまでした」と言うほかありません。

▼なぜＥＵが関係するのか

ところで、経済産業省の試算は、ＴＰＰ参加の効果に関するものであるのに、なぜＥＵ

が計算の中に出てくるのでしょうか。それは、経済産業省の主たる狙いが、ＴＰＰそれ自体というよりはむしろ、ＥＵとのＦＴＡの締結にあるからだと思われます。

ＴＰＰは、実質的には日米ＦＴＡです。しかし、主要品目に対するアメリカの関税は、トラック以外はそれほど高くはないので、日本がアメリカの関税撤廃によって輸出を増やせる余地は、たいしてありません。経済産業省も、ＴＰＰによる経済効果を計算してみて、関税引き下げによるプラスの効果があったとしても小さいということに気づいているはずです。

むしろ、主要輸出品目に対する関税が高いのは、ＥＵの方です。したがって、ＥＵの関税撤廃の効果は、ＴＰＰよりも大きく出るものと思われます。しかも、ライバルの韓国は、日本より先にＥＵとのＦＴＡを署名済みです。経済産業省にとっての本丸は、ＥＵとのＦＴＡなのです。しかし、日本は、依然として、ＥＵとＦＴＡ交渉をさせてもらえていません。

ところで、経済産業省は、なぜ、アジア太平洋地域の話であるＴＰＰの経済効果の試算の中に、日欧ＦＴＡの話をもち込んでいるのでしょうか。それは、内閣官房作成の資料

「包括的経済連携に関する検討状況」の「資料四　経済産業省試算（補足資料）」の最終ページを見ると分かります。そこには「ＥＰＡの政治力学」というタイトルで、次のような図が描かれています（一部略）。

ＥＰＡには反射的不利益を受ける第三国が反応

←

ＴＰＰ参加で、交渉力が強化し、交渉の自由度が拡大

←

全方位で「国を開く」覚悟を示して初めて相手を動かせる

ちなみに「ＥＰＡには反射的不利益を受ける第三国が反応」とは、日本がＴＰＰに参加すれば、ＥＵが日本とのＦＴＡに関心を示すであろうという意味です。

この資料では、「ＥＵは、米国のアジアでの動きに追随」していると指摘しています。

その例として、アメリカのＡＰＥＣ主催の翌年のアジア欧州会合（ＡＳＥＭ）構想の提唱

や、韓米ＦＴＡ交渉妥結の一カ月後の韓ＥＵのＦＴＡ交渉の開始、あるいはマレーシアのＴＰＰ参加表明の一カ月後のマレーシアとＥＵのＦＴＡ交渉の開始が挙げられています。つまり、経済産業省の見立てによれば、日本がＴＰＰへの参加を表明すれば、念願のＥＵとのＦＴＡ交渉への道がひらけるというのです。ＴＰＰは、いわばＥＵとのＦＴＡ交渉のための手段に過ぎないということです。

▼経済産業省の無謀な作戦

私は、この「ＥＰＡの政治力学」という資料を見た瞬間、めまいがしてしまいました。確かに、アジアでの経済連携の動きに対して、ＥＵが反応している例はあります。しかし、アメリカのＡＰＥＣ主催、韓国のアメリカとのＦＴＡの署名、マレーシアのＴＰＰ参加表明などは、それぞれ各国が自国の国益を計算して決めたことであって、ＥＵの反応はその副次的効果に過ぎません。ですから、ＴＰＰに関して言えば、まずは、ＴＰＰへの参加それ自体が国益にとってプラスであるかどうかを確認するのが大原則でしょう。そうしないと、もし日本がＴＰＰに参加して不利益をこうむり、かつＥＵが無反応だったら、大変なことになってしまいます。

しかも、アジアでの経済連携の動きにＥＵが反応したという過去があったからといって、ＴＰＰに日本が参加すれば、ＥＵが日本とのＦＴＡに積極的になってくれるという保証はありません。それどころか、もしＴＰＰが経済効果に乏しいものだったとしたら、ＥＵは何ら関心を示さないでしょう。ＥＵは、日本とのＦＴＡのメリットを計算した上で、プラスと判断すればＦＴＡ交渉に応じるだけの話であって、単に日本がＴＰＰに参加したからという理由で、条件反射的に日本とのＦＴＡに前向きになるわけではありません。

「バスに乗り遅れるな」「長いものには巻かれろ」といった調子の論理が通用するのは日本国内だけです。そんな理屈は、世界ではまったく通用しません。「みんながやっているんだから、お前もやれよ」と言って動かせるのは日本人だけで、ヨーロッパ人はそうではないのです。

経済産業省は、「全方位で「国を開く」覚悟を示して初めて相手を動かせる」などと言っていますが、私には、どうしてそういう結論になるのか、まったく分かりません。自分がゲームから降りたら、相手も降りるとは限らないでしょう。

もっと言えば、WTO交渉は、各国一律の貿易自由化を進めるもので、各国すべてに「全方位で「国を開く」覚悟」を示すことを求めるものです。ですが、全方位のWTO交渉では動かないと分かったから、FTAやEPAという全方位ではない方法が選択されるようになったのではなかったのですか。それなのに、何を今さら、しかも日本だけが「全方位で「国を開く」覚悟」を示したら、相手が動くなどと言えるのか、まったく意味不明です。

そもそも、現在でも日本の平均関税率は相当に低く、すでに全方位で国が開かれています。しかし、だからと言って、他国も日本と同じレベルにまで関税を引き下げるように動いてはいないではありませんか。

TPPの参加それ自体にメリットがあるかどうかも分からないのに、過去の三つの前例以外に何の保証もないEUの反応を期待して、TPPに参加し、それでもし、EUが日本とのFTAに前向きになってくれなかったら、いったい、どうするつもりなのでしょう。

仮に百歩譲って、日米連携の動きが、EUを日本とのFTAへと動かすのだとしましょう。確かに、韓国の場合は、韓米FTAへの動きが、韓EUのFTAへの動きにつながりました。しかし、それなら、日本は韓国と同様、アメリカとのＦＴＡ交渉に入ればよいだけの話です。それよりもハードルの高いＴＰＰに参加しなければならない理由にはなりません。

日本のＴＰＰ参加に対してＥＵが反応するとしたら、次のような場合しか考えられません。それは、自国にとってのデメリットも計算できずにＴＰＰに参加した外交音痴の日本を見て、ＥＵが「こんなお人好しの日本が相手なら、交渉はこっちに有利なように進められる」と算段する場合です。

つまりアメリカが、自国の市場を奪われることなく、日本の農業市場を奪ったのを見て、ＥＵも同じことを狙うだろうということです。

しかも、田代教授が指摘したように（第一章参照）、関税撤廃の例外品目のないＴＰＰに参加した場合の日本は、ＥＵとのＦＴＡ交渉においても、例外品目を主張しにくくなる可能性があります。ＴＰＰにおける立場と矛盾するからです。ＴＰＰ参加によって日本の交渉の自由度が狭まったのを見たら、ＥＵは確かに日本との交渉に興味をもつかもしれません。しかし、そんな状態で結んだＥＵとのＦＴＡ協定が、日本にとって有益な内容になっているとは、とても想像できません。

深刻な飢餓状態にある中で、ネギをしょった太ったカモが、翼も足も縛りあげられて転がっていたら、誰だって関心をそそられるでしょう。「ＥＰＡの政治力学」という一枚の資料を見ながら、私の脳裏には、そんなマンガが浮かんできてしまいました。

▼風が吹けば桶屋《おけや》が儲《もう》かる

これまでの議論を論理的に整理していくと、経済産業省が頭の中で描いているシナリオは、次のような不思議なものとなります。

まず、日本が、国内農業を犠牲にしてでも、プラスの経済効果のほとんどないＴＰＰへの参加を表明する。そうすると、過去の前例にしたがって条件反射的に反応したＥＵが、とにかく日本とのＦＴＡの交渉に応じてくれる。

やけに親日的なＥＵとの交渉の結果、ＥＵの主要品目の関税が全廃されるが、日本は、関税撤廃の例外措置を堅持するなど、有利な交渉結果にもち込むことができる。

ユーロ安とグローバル化で有効性を失った関税が撤廃され、韓国との競争条件は形式的には平等になったので、ウォン安がどうであれ、日本は韓国と対等に戦えるようになる。それだけのことで、日本の製造業は、大不況で消費マインドが極度に低迷しているヨーロッパ市場で、円高・ユーロ安にもかかわらず、なぜか輸出を伸ばすことができる。

GDPの二割にも満たない輸出が拡大することで、日本経済全体が、TPPやEUとのFTAによる損害を補って余りあるペースで成長するという奇跡が起きる。その間、変動相場制にもかかわらず、輸出拡大による円高の影響はない。

なんという恐るべきシナリオでしょうか。「風が吹けば桶屋が儲かる」とはこのことです。このような乱暴な作戦に基づいて、大不況で殺気立っている世界各国を相手にしていこうというのでしょうか。

私は、経済産業省がそこまで無体だとは思いませんし、思いたくもありません。にもかかわらず、このようなシナリオを提示しているのは、おそらく、TPPへの参加という結論ありきで、それを正当化するロジックを無理に組み立てたり、経済効果が大きいと見せかけたりせざるを得なかったという事情があるのではないでしょうか。これだけ苦しいロジックを並べているのを見ると、そう思わざるを得ません。

では、ＴＰＰ参加の本当の動機とは何なのでしょうか。それについては、本書の後半で探っていきます。

第三章　貿易の意味を問い直す

▼資源を買うために貿易黒字が必要？

「資源のない日本は、海外から資源を買うために外貨を獲得しなければならない。そのために輸出を推進し、貿易黒字を計上していかなければ、日本のような貿易立国は生きてはいけない」

こういった話をよく耳にします。こういう話をするのは、比較的年配の方の間に多いように思います。しかし、これは正しい考え方ではありません。ＴＰＰの是非を判断するためには、貿易の意味を正しく理解する必要があります。

そこで、まずは、このよくある誤解からといていくことにしましょう。「日本は、資源を買うための外貨を稼がなくてはならない」という話の根っこには、おそらく、為替相場制度に関する誤解があるように思います。

そもそも、自国通貨と外貨の交換比率を決める為替相場の制度には、大きく分けて、「固定相場制」と「変動相場制」の二種類があります。戦後の日本は、一ドル＝三六〇円で交換比率を固定する「固定相場制」を採用していましたが、一九七一年のいわゆる「ニクソン・ショック」後は、為替レートを原則として市場の調整にゆだねる「変動相場制」へと移行し、現在に至っています。

固定相場制を採用する国では、経常収支黒字が続くと、政府は、為替相場を維持するために、民間企業が稼いだ外貨を自国通貨で買わなければなりません。その結果、政府の外貨準備高が増えます。例えば、現在の中国は、ドル固定相場制（ドルペッグ制）を採用しているため、輸出が拡大する中では、為替相場を維持するために、巨額の外貨準備を積み上げています。

反対に、経常収支赤字が続くと、その逆になり、決済手段の外貨準備が減ってしまうので、不況にして輸入を減らすことで為替相場を維持しなければなりません。固定相場制では、経済が成長していても、為替を一定に維持するために、人為的に成長を抑制しなければならない場合があるのです。これが、いわゆる「国際収支の天井」と言われるものです。

これに対して、変動相場制においては、「国際収支の天井」による制約はないため、経常収支赤字が続くと、為替が変動して自国通貨が安くなり、輸出が増えます。輸出が増えれば経常収支は黒字になって、外貨は増えます。変動相場制では、理論上は、このようなバランスのメカニズムが自動で働くことになっています。

ですから、「資源小国の日本は、貿易黒字が続かないと、資源を買う外貨がなくなる」というのは、変動相場制では、理論的には、当てはまりません。それは、固定相場制での話です。「資源を買うための外貨獲得のために輸出しなければならない」と思っている人に年配者が多いのは、「ニクソン・ショック」以前の固定相場制の時代に苦労した記憶を引きずっているからかもしれません。

もちろん、為替相場は、理論どおりには動きません。しかし、仮に、為替相場が短期的には弾力的でなくても、円売り・ドル買いの為替介入を行うことによって外貨準備高を増やすとともに、円安を誘導して輸出を増やせば、資源を買うための外貨は用意できます。

しかも、外貨は貿易収支のみならず、所得収支（対外債権からの収入）によっても獲得できます（ちなみに、経常収支とは、「貿易収支＋サービス収支＋所得収支＋経常移転収支」のことです）。現在の日本は世界最大の対外債権国になっており、この所得収支が大きいのです。例えば、二〇〇八年は貿易収支が約四兆円であったのに対し、所得収支は約一六兆円もありました。資源を買う外貨を獲得するのに、貿易黒字だけに頼る必要はないのです。

このように考えると、「資源を買うための外貨が必要だから、貿易黒字が必要である」という発想は、昔は正しかったが、現在は当てはまらないということが分かります。

▼貿易黒字信仰を捨て去れ

また、経常収支の黒字の拡大と経済成長とを同一視したり、経常収支の赤字を国の経済力の衰退と見なしたりするような考えをもっている人が、非常に多くいます。しかし、この考えも間違いなのです。

この誤解を払拭するためには、若干、話がややこしくなるのですが、マクロ経済学の知見を借りなければなりません。須田美矢子編『対外不均衡の経済学』を参考にしつつ、できるだけ分かりやすく説明してみましょう。*1

マクロ経済学では、GDP（国内総生産）は、次のような式で表されます。

国内総生産＝消費＋投資＋政府支出＋経常収支

この式から、経常収支は次のような式で表されます。

経常収支＝国内総生産－消費－投資－政府支出
　＝貯蓄（国内総生産－消費）－投資－政府支出

ここでは便宜上、政府支出を無視して考えると、経常収支とは、結局のところ「貯蓄－投資」と同じことになります。

ですから「経常収支の黒字」とは一国の貯蓄が投資よりも多いことであり、逆に「経常収支の赤字」とは一国の貯蓄より投資の方が多いということです。

アメリカの経常収支が赤字ということは、アメリカ人が全体として消費ばかりしているために、貯蓄が投資よりも少なくなっているということです。反対に、日本の経常収支が黒字ということは、日本人が全体として貯蓄ばかりして投資をあまりしていないということを意味しています。

経常収支赤字は「貯蓄＜投資」、経常収支黒字は「貯蓄＞投資」を意味するに過ぎないのです。このため、経常収支の黒字が国民経済にとってよいことか否かは、一概には言えません。

貯蓄と投資の適正な水準をはかるのは、経済成長率、失業率、物価水準によってです。経済が成長し、失業率が低く、物価が安定していれば、貯蓄と投資のバランスは適正だということになります。

しかし、経常収支は、貯蓄と投資のバランスの結果に過ぎないので、経済成長という観点から見て、経常収支それ自体に適正な水準というものはありません。

先ほどの国内総生産の式からも明らかなように、経常収支が赤字であっても、国内の消費や投資が増加すれば、経済は成長するのであって、経済成長のためには経常収支黒字がつねに必要というわけではありません。それどころか、経済成長は内需の拡大をもたらし、輸入を増やすので、経済成長が経常収支を赤字化するということもあり得ます。

反対に、国内の消費や投資が伸び悩み、貯蓄過剰になったために、経常収支が黒字になっているのであれば、経済は低迷します。実際、日本は、バブル崩壊後の長期不況にあっても、経常収支は黒字であり続けました。

このように、経常収支の黒字がよいことだとは、一概には言えないのです。

また、一国レベルの経常収支の赤字が持続するということもあり得ます。経常収支赤字とは投資に対する貯蓄の不足を意味しますが、世界の資本移動が自由であれば、貯蓄不足の国には資本が流入し、投資をファイナンスするからです。

マクロ経済学では、世界の資本移動が自由である場合には、このように世界経済全体で貯蓄と投資がバランスするように、実質金利が決まるために、一国レベルで経常収支の赤字が続いても、別に問題はないという考え方をするのです。

しかし、経常収支の赤字が持続することには、別の深刻な問題があります。

▼対外債務とバブルの問題

日本を代表する経済学者の一人である須田美矢子氏は、『対外不均衡の経済学』において、世界経済全体の貯蓄と投資は市場メカニズムによってバランスするので、一国レベルでは経常収支の赤字が持続することもあり得ることを説明した上で、次のような留保を付しています。要約すれば、次のとおりです。

もし、経常収支の大幅な赤字が続き、対外債務に対する返済可能性についての不安が醸成される場合には、仮に市場メカニズムによる調整が働いたとしても、その調整にはドラスティックなコストを伴うであろう。したがって、政府は、対外債務に対する返済可能性の不安が生じないように、経常収支を適度にバランスさせる方が望ましい。

つまり、経常収支赤字で貯蓄不足の国には、海外から資金が流入しますが、例えば、もしその貯蓄不足が実体を伴わないバブルによるものだった場合には、そのバブルがはじけたとたん、海外から流入してきた資金は、今度は一斉に海外へと流出するので、不況はより深刻化するということです。

このことは、今日、非常に重要な意味をもっているように私は思います。

なぜなら、経常収支の赤字が持続しているのであれば、民間の対外債務の返済可能性は、その国の投資回収可能性の高さ（つまり好景気）にのみ依存することになるからです。つまり、経常収支赤字国は不足する貯蓄を補うために資本流入を必要としますが、資本流入を促すためには、返済可能性（つまり将来の成長可能性）に対する高い期待がなければなりません。このため経常収支赤字国は自国経済の将来性を一生懸命海外投資家にアピールします。その結果、経常収支赤字国（対外債務国）では、過剰な期待がふくらみやすく、バブルが起きやすい環境が醸成されることになります。

しかし、もし対外債務国で景気の先行きに対する不安が高まれば、海外から流入していた資本は一斉に流出し、須田氏の言うドラスティックな調整コストを発生させるでしょう。一九九七～九八年のアジア通貨危機や二〇〇八年のリーマン・ショックは、その実例です。

もちろん、海外資本だけではなく、国内資本によるファイナンスでも、バブルが発生する可能性はあります。しかし、海外資本の流入によるバブルの場合は、為替リスクを負っているため、事態は国内のみで起きたバブルより悪化することに注意しなければなりません。すなわち、バブル崩壊による海外資本の引き上げは、通貨の暴落を引き起こしますが、通貨が暴落すると返済すべき対外債務の額はふくらんでしまい、大変なことになるのです。他方、国内資本によるファイナンスであれば、通貨暴落のリスクからは自由です。

これが、アジア通貨危機やリーマン・ショックの背景にある「グローバル・インバランス」の問題なのです。グローバル・インバランス問題は、「世界経済全体の貯蓄と投資の水準は市場メカニズムを通じてバランスするのであり、一国の経常収支赤字が持続しても問題はない」とする従来のマクロ経済学が見落としていた、あるいは過小評価していたグローバル経済の新たな問題であると言えるでしょう。

経常収支の大幅な赤字を続けることは、国内の貯蓄不足を海外資本の流入によって補い続けなければならないため、バブルが発生しやすくなり、またバブル崩壊後の調整コストが大きくなります。これを防ぐためには、政府は経常収支を適度な水準に均衡させておかなければなりません。アメリカが対外不均衡を是正しようとしているのは、そのためです。

▼日本は経常収支黒字を減らせ

アメリカが経常収支の赤字を減らすということは、その裏面として、経常収支黒字国はその黒字を減らさなければならないということになります。例えば、日本がそうです。経常収支黒字国がその黒字を減らすべく、内需を拡大しなければならないというのは、リーマン・ショックのような世界的金融危機が起きてしまった以上、アメリカのみならず、世界経済の再建のためにも必要なのです。

ところが、日本では「今でこそ経常収支が黒字で、貯蓄超過かもしれない。しかし、少子高齢化が進んでいるために、貯蓄率が低下しつつある。将来、これがもっと進めば、貯蓄は減少し、経常収支は赤字化する」と主張し、内需の拡大に否定的な論者がいます。

では、少子高齢化によって日本の貯蓄が減少しているのかどうか、データで確認してみましょう。図5を見ると、二〇〇一年から二〇〇七年にかけて、確かに家計部門の貯蓄は急激に減少しています。しかし、これは少子高齢化よりはむしろ、超低金利政策による影響が大きいのではないでしょうか。金利が低ければ、銀行に預金する魅力が低下するので、家計部門の貯蓄率は当然低下します。近年の家計部門の貯蓄率の低下を少子高齢化だけのせいにする説明には、無理があります。

より重要なことは、確かに家計部門の貯蓄は減少し、政府の貯蓄も減少していますが、企業部門の貯蓄（すなわち内部留保）はむしろ増加しており、結果として、経常収支黒字・貯蓄超過は拡大しているということです。

企業部門の貯蓄が大きく増えているのは、デフレで資金需要が乏しい中で、金融緩和により資金が過剰に供給されているからです。デフレのせいで、資金は企業に潤沢に供給されているが、使い道がないという状態にあるので、企業は仕方なく資金をため込んでいる

図5　部門別の貯蓄／投資の変化

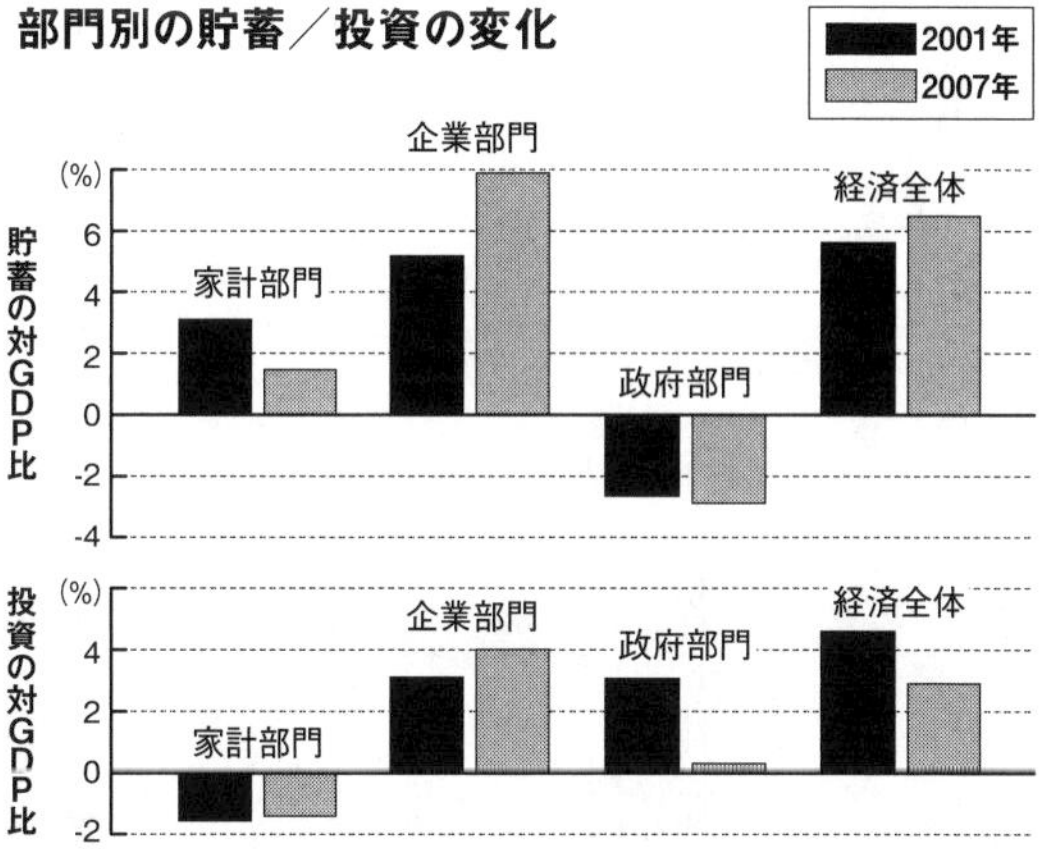

チャールズ・ユウジ・ホリオカ「日本のISバランスの過去・現在・将来　―部門別のデータによる分析」（『経済セミナー』April/May 2010）より作成

ということです。言いかえれば、日本では、デフレ不況による資金需要の不足で、企業が貯蓄を増やしているがために、貯蓄過剰・投資不足になり、それで経常収支が黒字化し、結果として、グローバル・インバランスの構造に一役かっているということです。

日本のデフレ不況と、グローバル・インバランスの帰結であるリーマン・ショックとは、無関係ではないのです。日本がいつまでもデフレから脱出できないでいることが、めぐりめぐって、世界的金融危機を引き起こす火種のひとつとなったと言っても、あながち誇張とは言えません。

ですから、日本の景気回復のためであるの

はもちろん、世界経済の再建のためにも、日本は、一刻も早くデフレを脱却しなければなりません。ところが、このデフレと貿易自由化とは無関係ではないのです。そのことを説明する前に、そもそも、デフレとは何であり、そしてデフレの何が問題なのかを押さえておきましょう。

▼デフレのメカニズムとその問題点

デフレーション（デフレ）とは、継続的な物価の下落のことです。デフレは、需要が不足し、供給が過剰になる状態が続くことによって起こります。インフレーション（インフレ）はデフレとは反対に、物価が継続的に上昇することです。インフレの原因は、需要が過剰で、供給が不足する状態が持続することです。

デフレとは、物の値段が安くなることなので、消費者にとっては、一見、よいことであるかのように見えます。しかし、実際には、デフレとは、恐ろしい経済の病気なのです。なぜなら、デフレは、経済を動かしている原動力である投資を抑制するからです。

デフレは、次のようにして投資を抑制します。

まず、デフレすなわち物価の下落とは、同じお金で多くの物が買えるようになることですから、お金の価値が上昇することを意味します。ですから、今、支出するよりも、しばらくの間、現金を保有していた方が、将来においてより得になります。また、今、借金をすると、将来、返済するときに負担がより重くなります。

このため、企業は借金をして将来のために支出するよりも、今は支出を控えて、むしろ負債を減らそうとします。企業は、一般的に銀行からお金を借りて投資を行います。ところがデフレになると、企業は「今、銀行からお金を借りて投資をすることは得策ではない」と考えるようになります。その結果、投資は減退します。投資の減退は需要を縮小させるので、物価はさらに下落していきます。こうして発生した悪循環が、持続的な物価下落すなわちデフレです。

ここで注意すべきは、デフレが、経済合理的な行動の結果として起きているということです。デフレでお金の価値が上昇している間は、負債を減らし、投資を抑制するという行動は、企業経営上の合理的な判断です。そのため、これを覆して企業に投資を増やさせ、経済を成長させるためには、企業に無理に非合理的な経営判断をさせるのでなければ、貨幣価値の下落（インフレ）を起こさなければなりません。

ビジネス雑誌などを読んでいると、「企業が単純なコスト削減や安値競争に終始し、リスクを負って新規事業や新商品の開拓に乗り出さないから、デフレから脱出できないのだ」といったような議論を見かけることがあります。しかし、企業が新規市場の開拓に及び腰になっているのは、デフレの原因ではなく、その結果と見るべきでしょう。デフレという異常なマクロ経済環境にあるときには、経営のやり方や気持ちのもち方をどうのこうの言っても、仕方がないのです。

▼元気が出れば何でもできるか

「自分が若いころと違って、最近の若者は内向きで元気がない。外に打って出ようとしない」と言って嘆く声をよく耳にします。そういう声は、年配の方に多いようです。そういうお説教を聞くと、私は思わず、こう言い返したくなります。「あなたが若くて、元気よく外に打って出ていたころは、デフレ不況ではなかったでしょう。むしろ、バブル真っ盛りだったんじゃないですか。バブル景気だったら、誰だって元気よく外に打って出られますよ」。

そういえば、「最近の若者の自動車離れ」といった話もよく聞きますが、投資だけではなく、消費の減退もデフレとは無関係ではありません。

例えば住宅や自動車など、ローンを組む大型の消費があります。デフレでお金の価値が上がっている間は、ローンによる消費支出は手控えざるを得ないでしょう。特に、消費者がローンを組んで消費をする習慣のあるアメリカでは、デフレは深刻な消費減退を引き起こすことになる恐れが非常に高いと思われます。また、投資の減退によって経済が低迷し、賃金が伸び悩んだり、失業者が増えたりすれば、消費需要も後退していくでしょう。

デフレになって投資や消費を手控えるようになるのは、企業や消費者の経済合理的な判断によるものです。このため、いったんデフレの悪循環が発生し始めると、もはや民間の努力だけでは、この悪循環から脱出することはできなくなります。そこで、政府の景気対策が不可欠になります。

政府の景気対策のひとつに金融緩和政策があります。これは、企業の資金調達が楽になるように、お金をたくさん供給する政策です。しかし、デフレになると、金融緩和政策だけでは、不況を克服できなくなります。なぜなら、デフレ下では、企業も消費者も銀行からお金を借りなくなります。そうなると、いくら中央銀行が貨幣を供給しても、資金需要がないので、貨幣は銀行や企業の中に貯蓄されるだけです。先ほどの図5で、二〇〇一年から二〇〇七年にかけて企業部門の貯蓄が増えていることを示しました。これは、デフレのせいです。

デフレから脱出するためには、お金をばらまくだけではダメです。あくまでお金を使う需要を創造しなければなりません。しかし、デフレの中での投資の抑制は、企業の経済合理的な判断の結果ですから、もはや民間だけの力では、需要を創造することはできません。そこで、政府が巨大な需要を創造する必要があります。これが公共投資です。

一九二九年、ニューヨーク株式市場の暴落をきっかけに深刻なデフレが発生しました。世界恐慌です。このとき、アメリカのルーズベルト大統領は、ニューディール政策によって巨額の公共投資を行い、デフレを四年で食い止めました。その後、一九九八年に日本がデフレに陥るまで、世界でデフレを経験した国はありませんでした。それは、デフレが、深刻な経済の病気であり、経済運営上、絶対に避けなければならない現象のひとつだからです。ところが日本は、もう一〇年以上もの間、デフレから脱出できないでいるのです。

戦後、どの国の政府も、バブルがはじけてデフレが起きそうになると、金融緩和と同時に財政出動を行い、デフレを未然に防いできました。このデフレと財政出動の問題については、第四章で、もう一度くわしく論じます。

いずれにしても、デフレこそが、日本経済の長期停滞の最大の原因なのです。日本人が、内向きで元気がないから、停滞しているのではありません。そんな単純な精神論の問題ではないのです。日本人がいくら外を向いて元気を出しても、デフレから脱却することはできません。元気が出れば何でもできるのは、私の知る限り、アントニオ猪木だけです。

▼貿易自由化はデフレを悪化させる

さて、日本経済が患っている深刻な病気であるデフレですが、貿易自由化は、恐ろしいことに、このデフレという病状を悪化させてしまうのです。

自由貿易のメリットのひとつは、国内外の競争の激化によって、あるいは安価な製品の輸入によって、製品が安くなり、消費者が恩恵をこうむるという点にあります。これについては、異論はないと思われます。

しかし、デフレに悩んでいる経済においては、安価な製品の輸入は望ましいものではありません。それどころか、デフレを促進してしまうのです。

TPPによる貿易自由化により、日本の農業が被害をこうむるのではないかと懸念されています。しかし、アメリカからの安価な農産物の流入によって、打撃をこうむるのは農家だけではありません。食料品の物価が下落することによってデフレが進み、経済全体が打撃をこうむるのです。

貿易自由化によるデフレの促進は、次のような経路で起こります。まず、安い製品が輸入されると、競合する国産品が淘汰され、国内雇用が失われます。例えば、国産米や国産牛が安価なアメリカ産米やアメリカ産牛との競争で駆逐され、コメ農家や畜産農家の多くが失業します。さらに、例えば牛丼がより安価になれば、牛丼と競合する他の外食産業は人件費のカットで対抗するため、雇用を削減せざるを得なくなります。農家や食品関連産業で失業者が増えれば、労働市場全体が供給過剰になりますから、実質賃金が一段と下がってしまいます。こうして、デフレが悪化するのです。

このメカニズムは、次のようにも言いかえられます。デフレとは、需要不足が続くことですので、これを止めるには需要を追加するか、供給を削減する必要があります。ですが貿易自由化により、国産品が輸入品に代替されると、需要側では、国産品関連の雇用が奪われ、内需が縮小します。他方、供給側を見ると、貿易自由化による競争の激化で生産性が上昇し供給が増加します。こうして貿易自由化は、需要不足と供給過剰を深刻化し、デフレを悪化させることになります。

農産品の輸入の自由化は、農家だけの問題ではありません。デフレに陥っている日本経済全体の問題なのです。

▼農産品輸入自由化がもたらす四重のデフレ効果

しかも、リーマン・ショック後の世界大不況において、アメリカからの農産品の輸入自由化がデフレを引き起こすメカニズムは、少なくとも四つ考えられます。

第一に、関税の撤廃による価格の低下です。

第二に、安価に生産されるアメリカの農産品の輸入による価格の低下です。

第三に、ドル安でさらに安くなったアメリカの農産品の輸入による価格の低下です。

第四に、深刻な不況に突入して賃金が上がらなくなり、相対的に安上がりになったアメリカの製品を輸入することによる価格の低下です。これは、言わばアメリカからデフレを輸入するような意味をもちます。

この四つの効果が相乗するので、アメリカの農産品は極端に安価になって日本市場になだれ込み、デフレを深刻化させることになるのです。

貿易自由化は、自国がデフレ不況にあるときには、やってはいけないのです。まして、貿易相手国もデフレ不況になる、あるいはその恐れがあるようなときには、なおさら、やってはいけません。

▼農業構造改革はデフレを悪化させるだけ

「アメリカの農産物は価格こそ安いかもしれないが、日本の農産物は品質や安全性の面で優れている。だから、国産の農産物の値段が多少高くても、買ってくれる消費者はいるのではないか」

たまに、このような意見を聞くことがあります。確かに、国産の農産物には、その付加価値の高さによって、アメリカ産との差別化を図っているものがあります。しかし、デフレが深刻化して、国民所得が低下していけば、高付加価値の国産農産物の需要は確実に縮小します。デフレにある経済では、付加価値の高さでは生き残れないのです。

また、TPP賛成派の論者の中には、「日本の農業は、構造改革によって体質を強化し、農産品の輸入が自由化されても生き残れるように生産性を向上すべきだ」と主張する人が少なくありません。確かに、日本の農業には解決すべき構造的な課題が数多くあるようです。こうした論者の提案する改革案には、傾聴に値するものも少なくないでしょう。

しかし、世界不況にある中では、アメリカの農産品は、先ほどの四重の効果によって、極端に安くなっています。それでも、構造改革によって日本の農業が生き残れるという見込みは、本当にあるのでしょうか。そんなすごい構造改革を思いつくような天才的な頭脳があるのならば、欧米の関税があっても韓国に勝てる製造業を作るのに使った方が、よほど簡単なのではないでしょうか。

仮に、そんなすごい農業構造改革が、本当に成功したとしましょう。それならば、確かに日本の農業は、ＴＰＰに参加しても生き残ることができるかもしれません。しかし、日本の農業は守れても、安価な農作物の輸入によるデフレ効果を防ぐことはできません。それどころか、日本の農業が、構造改革によって生産性を向上させ、安い農作物を出荷できるようになったら、それだけでも、食料価格が下がり、デフレが進んでしまいます。

そもそも、構造改革とは、デフレを促進する政策なのです。

構造改革とは、規制緩和、自由化、民営化、緊縮財政などによって市場への新規参入者を増やし、自由競争を促して、産業の生産性を向上させようという政策です。こうした政策は、一九七〇年代終わりから一九八〇年代にかけて、アメリカのレーガン大統領やイギリスのサッチャー首相が推進しました。いわゆる新自由主義という理念に基づく政策です。一九九〇年代以降の日本の構造改革も、こうした理念を踏襲したものです。

しかし、レーガン大統領やサッチャー首相が、当時、直面していた問題はデフレではありませんでした。その反対のインフレだったのです。当時の英米は、物価の上昇に苦しんでいました。そこで、両国政府は、規制緩和や自由化によって市場の競争を促進し、企業の生産性を向上させることによって、物価を下落させようとしたのです。つまり、インフレを退治するために、政策的にデフレを引き起こそうとしたのです。これが、レーガン大統領やサッチャー首相の新自由主義の基本理念でした。

ところが、日本は、一九九〇年代、バブル崩壊後の不況で、デフレを心配しなければならない状況にあったにもかかわらず、新自由主義的な構造改革を断行しました。その結果、今日に至るまで一〇年以上もデフレから脱却できないという事態に陥ってしまいました。デフレになりそうなときに、デフレ政策を実施したのだから当然です。

戦後の経済運営の歴史上、こんな初歩的なミスを犯した国はほかにありませんでした。だから、戦後、日本以外にデフレを経験した国がなかったのです。

構造改革は、生産性の向上を目指すものです。しかし、生産性の向上は、いつもよいことであるとは限りません。生産性の向上は物価の下落をもたらすので、インフレのときはよいのですが、デフレのときには、かえって景気を悪化させるのです。デフレのときは、構造改革はご法度です。

▼デフレ脱却が最優先！

「TPPに参加するためには、農業の構造改革が必要だ」という論者は、問題の本質をまるで分かっていません。貿易自由化の問題の本質は、農家が困るということよりもむしろ、デフレによって国民全体が困るということにあるのです。デフレが問題だというときに、農業構造改革など提案されても、いい迷惑です。デフレがもっとひどくなるだけです。

このように言うと、「では、非効率な日本の農業は、このまま放置しておいていいのか」と反発されるかもしれません。日本の農業には構造的な問題が多く、効率性を上げるための改革が必要だというのは、おそらく、そのとおりなのでしょう。しかし、私が言いたいのは、効率性を上げるための改革に手を付けるのは、日本経済全体がデフレを本格的に脱却してからにして欲しいということなのです。

要は、政策の順番の問題なのです。まずはデフレ脱却が先決であり、農業の生産性の向上はその後です。後者を先にすると、デフレがひどくなるからです。言いかえれば、農業の効率化のための改革を実現するためにも、とにもかくにも、デフレ脱却を最優先としなければならないのです。

では、経済がインフレになったら貿易自由化を進めてもよいのでしょうか。今は、デフレだけれども、将来はインフレになるかもしれないから、TPPに参加してもよいという考えはあり得るでしょうか。

残念ながら、現実は、そう単純ではありません。なぜなら、現在ある自由貿易の国際ルールの中で、「デフレになりそうになったら、関税を上げてもよい」と認めているものはないからです。そもそも、WTOであれFTAであれ、自由貿易のルールは「自由貿易は、原理原則だ」という主流派の経済学の貿易理論を基本理念としています。しかし、その主流派経済学は、貿易自由化がデフレを悪化させるという事態については、まったく考慮に入れていません。この自由貿易のイデオロギーがある限り、「デフレになったら保護主義もOK」という柔軟な国際ルールは、できそうにありません。

しかもTPPの場合は、そのようなルールはまず考えられません。なぜなら、アメリカは、この不況の中で、日本への輸出拡大によって自国の雇用を拡大する手段としてTPPを考えているからです。そのアメリカが「日本はデフレだから、インフレになるまで関税を撤廃しなくてもいいよ」などと言ってくれるはずはありません。

▼農業の輸出産業化論も甘い

ＴＰＰに賛成する農業構造改革論者の中には、「日本の農業の潜在能力を引き出し、高品質の農産品を生産して、海外市場に輸出すべきだ」という議論を展開する人もいます。確かに、日本の農産品には高品質なものがあり、中国の富裕層などが好んで買い求めているといった報道もされています。日本の農産品が海外で評価されるのはうれしいことですし、それで農家が楽になるのもよいことです。

この農業の輸出産業論は、明るいのはいいのですが、残念ながら、世界大不況という事態をまったく考慮に入れていないのが難点です。

リーマン・ショック後の世界は、深刻な不況に陥っています。アメリカをはじめ、デフレを警戒している国もあります。一部の新興国の経済は好調に見えますが、それも世界的な金融緩和による資金の流入や、巨額の景気対策によって、バブルが起きているに過ぎません。特に中国は、不動産バブルがふくらんでおり、それが崩壊して深刻なデフレ不況に陥る危険性が指摘されています。しかも、不動産バブルの崩壊に起因する不況は、一般的に、景気回復まで五年から七年ほどの時間がかかると言われています。今回のリーマン・ショックのような世界規模でのバブル崩壊であれば、かなりの長期化が予想されます。

そのように、深刻な不景気が長く続きそうな世界で、高付加価値な農産品を買ってくれる有望な成長市場がいったいどこにあるというのでしょうか。特に、不動産バブルで大儲けをした中国の富裕層への販売をあてにして、高付加価値の農産品を生産するための投資などしたら、中国のバブル崩壊後に、大やけどを負いかねません。

そもそも、政府が先頭に立って、不動産バブルで発生した中国の成金目当てに、為替リスクまで負って、高級農産物を売り込む政策を推進するなど、下の下策です。そんなことをやるまえに、政府がまずはやらなければならないのは、デフレという病を治癒して、景気を回復させることです。そして、国民の所得を増やし、国民が高品質の国内産の農産物を買えるようにする。それが、国の経済政策の本筋というものです。

▼農業対策は空手形

とにかく、TPP賛成論者には、「農業対策をやって農業の問題を解決しさえすれば、TPPに参加できるだろう」と安易に考えている人が非常に多いように思います。確かに、貿易自由化を行う場合には、損害をこうむる産業セクターには補助金などの補償が与えられるのが通例です。日本の農業の場合も、これまでは、そうでした。

しかし、今回のTPPの問題に関しては、農家に補助金を出せばよいという手は通用しない可能性があるのです。それは、TPPとは別の自由貿易の枠組みであるWTOによる制約の可能性です。現在、WTO交渉（ドーハ・ラウンド）が進められようとしています。このドーハ・ラウンドでは、前回のウルグアイ・ラウンドと違って、農業生産者や特定の農産品に対する補助金を大幅に制限する国際ルールを作ろうという議論になっているのです。[*2]

もし、この国際ルールが決まれば、各国は、農業に対する助成に厳しい制限を課せられます。ですから、日本も、TPPの参加によって苦境に立たされる農家に対し、補助金を出してこれを救済しようとしても、ＷＴＯのルールに制限されて、十分な予算を出せなくなるかもしれません。

ただでさえ、財政が厳しいという理由で予算が絞られている上に、ＷＴＯのルールにも縛られそうになっているわけですから、政府が「ＴＰＰに参加する一方で、農業対策を行って、日本の農業を守り、再生します」と約束しても、空手形に終わる可能性が高いのではないでしょうか。おそらく、実際の「農業対策」なるものは、実効性のある予算措置を伴わない絵空事か、デフレの悪化と失業者の増大を招くだけの構造改革のどちらかになるのが関の山ではないでしょうか。

▼世界恐慌は保護主義で悪化したのではない

このように、「自由貿易が国民経済に利益をもたらす」というのは、どんなときでも正しい原理原則ではないのです。貿易自由化は、デフレ下では、むしろやってはいけません。*[3]
しかし、このように言うと、次のように反論する人が少なくないと思います。「何を馬鹿なことを言っているのか。歴史を知らないのか。一九二九年以降の世界恐慌はひどいデフレだったが、その世界恐慌を悪化させた主な原因は、各国が連鎖的に保護主義に走ったことではないか。現在のような世界不況のときも、警戒すべきは保護主義が台頭することだ。だから、TPPのような枠組みも提案されているのではないか」。

確かに、かつての世界恐慌の時期には、保護主義が台頭していました。そして戦後長い間、保護主義が世界恐慌を深刻化させたと信じられてきました。しかし、近年、この説は、有力な経済学者や経済史家によって否定されているのです。

例えば、ルディガー・ドーンブッシュとスタンリー・フィッシャーは、一九二九年と一九三一年の二年間の景気後退の要因を分析した結果、保護主義による要因は小さなものであったと推計しています。[*4] また、バリー・アイケングリーンは、一九二九年のアメリカの保護関税がアメリカ経済にもたらした効果は、保護主義の連鎖による世界貿易の縮小を考慮したとしても、プラスであったとすら推計しています。[*5] ピーター・テミンもまた、『大恐慌の教訓』の中で、保護主義が世界恐慌を深刻化させた主たる要因であるという説を否定しています。[*6] 各国が保護主義に走ると確かに外需は減りますが、他方で内需が拡大するので、トータルの需要はそれほど大きく減らないからです。テミンは、世界恐慌を深刻化させたのは保護貿易ではなく、各国の指導者や政策担当者たちが断行した緊縮財政と高金利政策であると結論しています。

ですから、「保護貿易はやってはいけないというのが、世界恐慌という歴史の教訓だ」という話は、正しくないのです。

▼自由貿易を疑え

さらに、経済史の権威であるポール・ベロックは、一九世紀後半のヨーロッパにおける貿易と経済成長の関係を調べ、保護主義の強化が、むしろ貿易の急速な拡大をもたらしているという事実を見出しました。*7 特に、最も保護主義的な措置をとったヨーロッパ諸国が、最も急速に貿易を拡大しており、しかも保護貿易を採用してから二〇年後には、さらに高い成長率を享受していました。逆に、自由貿易政策を採用していたイギリスは、この時期、成長率を著しく下げ、停滞に苦しんだのです。

なぜ、保護主義的な国々の間で、貿易がより拡大するという逆説的なことが起きたのでしょうか。それは、保護関税がデフレを阻止し、内需を拡大し、その結果、経済が成長したので輸入がかえって増えたためだと考えられます。

同じような視点から、フランスの著名な人類学者であるエマニュエル・トッドも、次のように論じています。[*8]

戦後、貿易自由化が進められてきたが、ＯＥＣＤ諸国の成長年率は、一九六〇年代には五・二％であったのに、一九七〇年代に三・九％、一九八〇年代に二・六％、一九九〇年から一九九六年には二・一％にまで下がっている。世界で毎年生産される一〇〇〇人当たりの乗用車台数も、二五年前から下がり続けている。また、アメリカ経済においては、輸入係数の上昇と、実質賃金の低下及び不平等の深化は、時期的に一致している。これは、自由貿易による競争の激化が、国内の労働者の所得と賃金の上昇を抑制し、経済成長を鈍化させるからである。


トッドは、このように主張し、保護主義を擁護するのです。

主流派の経済学者をはじめ多くの人が、自由貿易は貿易を拡大させ、経済成長をもたらすものと信じています。しかし、貿易の拡大と経済成長については、どちらが原因で、どちらが結果なのか、その関係に注意が必要です。

経済成長が貿易を拡大するというのは、おそらく正しいでしょう。経済が成長して、国民所得が増え、購買力が高まれば、貿易量が増えるのはほぼ確実です。しかし、その反対に、貿易が拡大することで経済が成長するのかどうかは、実は、はっきりとは分かっていません。ベロックのように、貿易自由化が経済成長をもたらさなかったという史実や実証結果を示している研究者もおり、論争に決着がついていないのです。

このように自由貿易の意義については、疑う余地のない原理原則というわけではまったくありません。しかも、少なくとも次のふたつのことは、ほぼ確実に言えると思います。

第一に、貿易自由化は、より安い製品の輸入を促し、物価を下げる効果をもつということです。これは、自由貿易論者ですら認めていることです。

そして第二に、デフレのときに、さらに物価が下がるのはよくないということです。

このふたつの事実を認めるならば、デフレのときに貿易自由化を進めるのは望ましいことではないという結論になるのは明らかではないでしょうか。

第四章　輸出主導の成長を疑う

▼輸出企業はデフレで得をする

前章では、貿易自由化による安価な製品の流入がデフレを悪化させると述べました。しかし、デフレを悪化させるのは、輸入だけではありません。実は、輸出もデフレの原因になるのです。

二〇〇二～〇六年、日本は、好調な輸出の主導で景気回復をしました。しかし、GDPの成長にもかかわらず、デフレを脱却することはできず、国民も景気回復を実感できていませんでした。

景気回復の実感がなかったのも当然です。図6を見てください。この時期、輸出の好調にもかかわらず、一人当たりの給与は下がっていました。労働分配率も下がっており、特に大企業において、それが顕著だったのです。

なぜ、このようなことが起きてしまったのでしょうか。それは、世界がグローバル化したからなのです。

一般的に輸出企業は、競争相手の多い世界市場で厳しい競争にさらされます。とりわけ

図6　輸出額と一人当たり給与

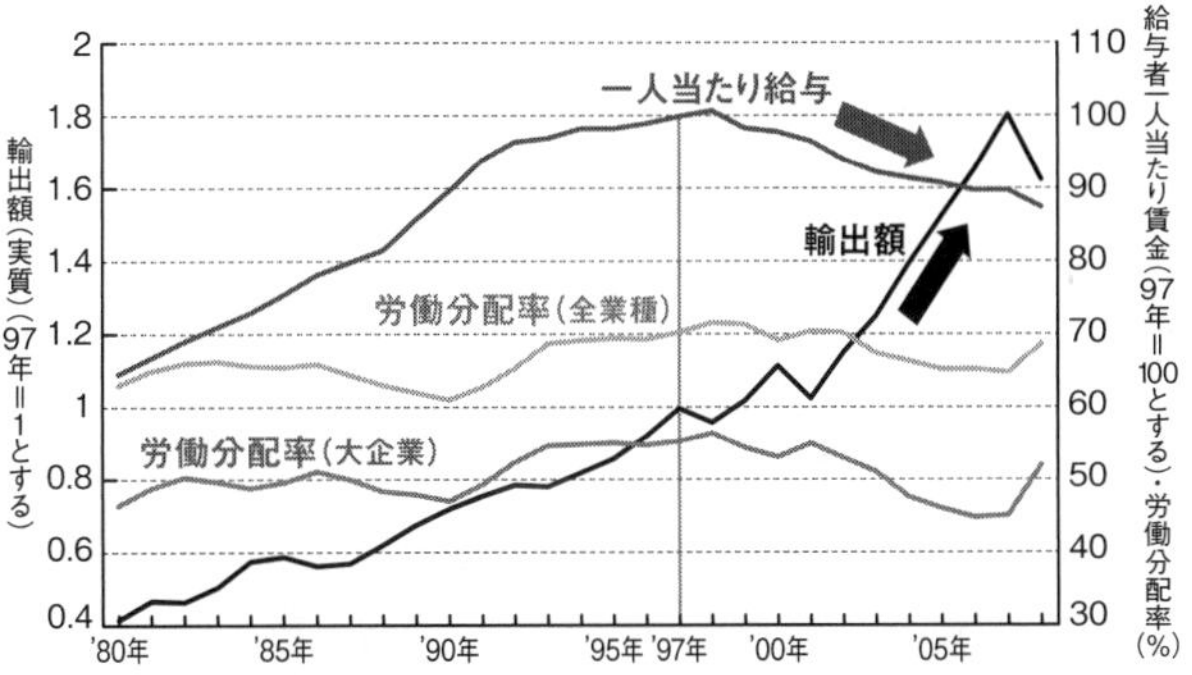

財務省:法人企業統計年報、内閣府:国民経済計算、国税庁:民間給与実態統計調査をもとに京都大学藤井聡研究室が作成
労働分配率＝（人件費）/（経常利益＋人件費＋減価償却費＋支払利息等）として計算
大企業は資本金10億円以上の企業を対象

先進国の企業は、低賃金労働を武器にした新興国の企業とのコスト競争を余儀なくされます。特に一九九〇年代以降は、中国やインドといった新興国が台頭し、低賃金にもかかわらず技能が高い労働力を供給するようになり、先進国の労働力と競合するようになりました。

　こうした激しいコスト競争の中で、輸出企業は、実質賃金を抑制せざるを得なくなりました。グローバルな世界における競争の結果として、労働者の賃金は、最も低い賃金の水準にまで低下していってしまうのです。これは、「底辺への競争」と呼ばれる現象です。

　輸出企業が成長を主導する国では、国内の賃金水準も、代表的な輸出企業の賃金水準に引きずられます。こうして、グローバルな「底辺への競争」は、一国全体の賃金水準を下げるデフレ圧力となります。そして、グローバルな賃金引き下げ競争は、貧富の格差を広げます。企業が輸出競争力の強化によって利益を増やせば、株主や経営者は儲かるかもしれません。しかし、その輸出競争力の強化は、労働者の賃金アップを犠牲にしているのです。こうしてグローバル化は、格差を拡大するのです。

格差問題に対しては、「輸出企業が稼いだ利益を政府が再分配して、格差を是正すればよいではないか」と簡単に言う人がいます。しかし、そうはいきません。なぜなら、グローバル化した大企業は、格差是正政策のために必要な負担から逃げようとして、政治に圧力をかけるからです。「企業の公的負担がこれ以上増えたら、われわれは海外に出て行かざるを得なくなる」とごねるのは、グローバル企業の幹部が使ういつもの手です。

こうした現象は、二〇〇〇年代以降、欧米先進国でも起きました。しかも、そうでなくてもデフレだった日本では、「底辺への競争」の影響は、さらに深刻でした。

▼グローバル企業と国民の利益の不一致

そもそも、グローバル化とは、企業が国境をやすやすと越えて活動する現象のことを指します。かつてのように、主な企業が国内を中心に活動していたころは、企業の利益と国民の利益は、それほど乖離していませんでした。しかし、企業がグローバル化すると、企業の利益と国民の利益は一致しなくなります。

グローバルな競争で勝ち残りたい企業にとっては、デフレで労働者の賃金が安いことはいいことなのです。また、デフレにより、物価を加味した「実質為替レート」は下がり、国際競争力が強化されます。二〇〇二年以降の景気回復は円安によってもたらされましたが、これにデフレも加わって実質為替レートがさらに下がり、当時の輸出企業は相当の追い風を受けていたと考えられます。輸出企業がデフレによって恩恵を受けるというのであれば、輸出主導の成長によってデフレを脱却できるわけがありません。

グローバルに活動する輸出企業が儲かっているからといって、その企業と同じ国籍の国民も豊かになるわけではないのが、グローバリゼーションという現象の本質です。輸出企業が国民にとって「金の卵を産む鶏」だと思っている人たちは、グローバリゼーション以前の古い発想を引きずっているのです。

そのことは、先ほどのエマニュエル・トッドをはじめとする欧米の優れた知識人たちも指摘してきたことでした。グローバル化に好意的だったアメリカの経済学者ですら、二〇〇〇年代半ばには、認めざるを得なくなった事実なのです。

ところが、なぜか日本では、「グローバル化したから、輸出主導で成長しなければならない」という意見が、二〇〇〇年代を通じて、ずっと優勢でした。それどころか、リーマン・ショックでグローバル化の限界が露呈した今日もなお、しかも円が高くなってもなお、まだ輸出主導で成長するしかないと思い込んでいる政治家、官僚、あるいは知識人が後を絶ちません。

彼らはどうして、輸出主導で成長するしかないと固く信じているのでしょうか。理由は、ふたつ考えられます。

ひとつは、二〇〇二～〇六年に、輸出主導によって景気が回復したという経験をもったからだと思われます。しかし、この時期は世界経済全体が好調で、しかもそれは、第二章で説明したように、アメリカの住宅バブルによるものでした。また、このころはかなり円安だったので、日本企業の輸出は好調だったのです。

ところが、その住宅バブルはすでにはじけ、世界は大不況に陥っています。アメリカの消費者には、もはや世界経済やアジア経済を引っ張っていく力はなく、アメリカの政府高官たちも「もうアメリカへの輸出には、期待しないでくれ」と言っています。しかも、円高が進んでいます。こんな状況で、どうやったら輸出主導で景気が回復するというのでしょうか。それどころか、二〇〇二〜〇六年の景気回復は、国民の給与の上昇もデフレの脱却ももたらしませんでした。輸出主導の景気回復の経験は、厳密には、「成功体験」とは言えません。なぜなら、給与が上がらなかった国民にとっては、こんな形の景気回復は成功とはとても言えないからです。成功でもない過去の体験に引きずられて、リーマン・ショック後も、その前と変わらず、輸出に期待を寄せているというのは、実に不可解です。

▼少子高齢化で輸出主導戦略は破綻《はたん》

輸出主導の成長論を支えるもうひとつの論理は、日本の人口減少・少子高齢化です。つまり、「少子高齢化が進み、人口が減少する中では、内需拡大は望めない。だから、海外市場、特に人口が成長するアジア新興国市場で稼ぐしかない」という議論です。しかし、この議論も、私にはよく理解できません。

確かに、人口減少は国内需要を縮小させるでしょう。しかし、人口減少で縮小するのは、需要だけではありません。供給力も縮小するのです。人間とは、消費者であると同時に労働者でもあります。人間の数が減ることだけで、消費者は減るが、労働者は減らないということは考えにくいでしょう。ですから、人口減少によって、需要だけが縮小し、供給力の方は余って海外市場に進出しなければならなくなるとは思えません。

しかも現在、進行している人口減少は、「少子高齢化」です。「少子化」とは労働力（供給）の相対的な減少のことであり、「高齢化」とは需要の相対的な拡大のことです。働き手の若者が減っているのに、働かずに消費だけをする老人が増えるというのが、少子高齢化です。だとするなら、少子高齢化は、理論的には、国内の供給に対して需要を相対的に拡大するはずです。少子高齢化は、需要過剰、供給不足をもたらすはずなのです。日本の供給力は、海外に打って出るどころか、国内の需要も満たせなくなるでしょう。そうであるなら、輸出主導の成長は、少子高齢化の進む国が進むべき道ではありません。むしろ、国内の需要を満たすだけの供給力をどうやって備えるかが問題となるはずです。

▼法人税減税は間違っている

グローバル化した世界では、輸出企業の利益は、国民経済の利益とは一致しなくなります。もっと言えば、輸出の拡大は、デフレの原因にすらなります。しかし、日本は、二〇〇〇年代を通じて、それどころか、リーマン・ショックの後もなお、輸出企業が儲かるようにすれば、不況から脱出できるとの思い込みから抜けられず、間違った政策を講じ続けてきました。その間違った認識に基づく間違った政策の典型とも言えるのが、経済界が要望し、二〇一〇年末に、突如として菅首相が決断した「法人税減税」です。

法人税減税論は、次のような考え方に基づいています。

グローバル化した世界では、企業は国境を越えて、好きなところに立地するようになっている。このため、世界各国は法人税を引き下げて、自国に企業を誘致しようとしている。また、法人税が低い国の企業は競争力が強くなる。ところが、日本の企業が負っている法人税の負担は、国際的に見て高すぎる。このままでは、日本の企業は国際競争で敗北するか、海外に移転してしまう。これを防ぐためには、法人税の減税が不可欠だ。

このような議論には、いくつもの問題点があります。例えば、日本企業の公的負担が国際的に見て高すぎるとか、企業は法人税を安くしてもらえれば海外に移転しなくなるとか、いずれも間違いなのですが、ここではあえて論じません（そのことについては、文藝春秋編『日本の論点2011』に所収の拙稿をご覧ください）[*1]。

ここで特に問題にしたいのは、次の二点です。

第一に、グローバル化した世界では、企業が国境を越えて活動するがために、企業と国民の利益が一致しなくなっているので、輸出企業がもっと儲かるように法人税を減税しても、国民は豊かにはならないということです。しかも、リーマン・ショック後は、世界的に需要が不足しており、世界中の企業がこれまで以上に激しいコスト削減競争を展開しています。グローバルな「底辺への競争」によるデフレ圧力は、これまで以上に強くなっている状況です。そんなときに、輸出主導で景気が回復できるわけがありません。

第二に、先ほど見たように、日本経済は、企業部門に貯蓄が累積しています。これは、デフレ不況で資金需要がないために、企業がお金の使い道を見つけられずに貯め込んでいるからです。そのような中で、法人税を減税してもらっても、企業は貯蓄を増やすばかりで投資は行いません。企業が投資を行わなければ、景気は上向きになりません。法人税減税は、景気を刺激する効果をもたないまま、国の税収を減らすだけに終わるのです。

つまり、「法人税を減税せよ」などという議論は、グローバル化という現実も、デフレという現実も、まったく無視しているのです。法人税が減税されても、国民にはほとんど何のメリットもありません。それにもかかわらず、経済界が法人税減税を強く要望してきたのは、なぜでしょうか。それは、言うまでもなく、世界がグローバル化して、「輸出で稼いでいる大企業の利益＝国民の利益」ではなくなったからです。ちなみに、アメリカのクリントン政権下では財務長官を務め、オバマ政権では国家経済会議委員長を務めていたローレンス・サマーズも国際的な法人税の引き下げ競争はやめるべきだと主張しています。[*2]

グローバル化が世界で何を引き起こしているのか。欧米の知識人たちがグローバル化をどう論じているのか。日本は、そんなことも知らないで、世界の激変に対してなすべきこととと反対のことをやり続けています。ＴＰＰに参加しようとしているのも、そのひとつです。経済政策というものは、世界観が間違っていると、何から何まで間違うものなのです。

▼デフレ阻止とグローバル・インバランスの是正を

ところで、私は、世界経済が「グローバル・インバランス」という構造問題に直面していると述べました。また、世界経済を再建するためには、このインバランスの是正が必要であり、そのためにアメリカは経常収支赤字を減らし、日本やドイツは輸入を増やして経常収支黒字を減らすべきだという意見に対して、私は賛成しました。

しかし、本章では、自由貿易が安い製品の輸入を通じてデフレを引き起こす原因になることを示しました。

このため、読者の中には、日本はグローバル・インバランスを是正するために輸入を増やすべきなのか、あるいはデフレを阻止するために輸入を減らすべきなのか、分からなくなってしまった方もおられると思います。

そこで、本章の残りを使って、「日本が、デフレを悪化させずに輸入を増やし、グローバル・インバランスを是正する方法」を説明したいと思います。

まず、基本的な考え方は、内需の拡大によって、デフレを克服し、経済を回復させ、成長軌道に乗せるということです。そうすると、賃金や国民所得が上昇し、物価も上昇に転じて緩やかなインフレになります。こうして、国民の購買力が高まると、輸入が増えます。このように、デフレを脱却し、緩やかなインフレで成長していけば、デフレにならずに輸入を増やすことが可能です。これは何も特殊な状態を想定しているわけではなく、要は、正常な経済の状態に復帰すればよいのです。デフレの今が異常過ぎるのです。現に、日本経済が順調に成長していたときは、デフレも起こさず、輸入も順調に増えています。

では、そもそも、どうやって内需を拡大して、デフレを克服すればよいのでしょうか。すでに述べましたように、デフレになると、民間だけの力で需要を拡大して、経済を成長させることは、ほぼ不可能になってしまいます。また、金融緩和や単なる予算のばらまきや法人税の減税では、国民も企業も貯蓄するばかりで、投資や消費は行わないので、需要は拡大しません。

需要を創出するというと、「政府が成長戦略を策定して、環境分野とか医療分野とか、将来伸びそうな需要を明確に示せ」と言う人がいます。こういう声は、産業界やマス・メディアからよく聞かれます。しかし、そんな生易しいことで、デフレは脱却できません。

需要を創出するということは、お金を実際に使うということです。しかし、お金の価値が上がっていくデフレにおいては、経済合理的な人なら誰でも、お金を使ったりはしません。需要が不足しているのは、国民が何も欲しいものがないからでも、これから伸びる需要を知らないからでもありません。物価が下がっているから、お金を使おうとしても、できないのです。政府による成長分野の提示など、余計なお世話というものです。

こんなときに、経済合理性を無視してでも、お金を実際に使えるのは、政府だけです。

政府は、そもそも、金銭的な利益が出なくても支出を行うことができる存在です。例えば、小惑星イトカワに探査衛星「はやぶさ」を送ったり、世界一の性能のスーパー・コンピュータを開発したりするためにお金を出せるのは、政府しかいません。しかも、年間、何十兆円という規模でお金を使うことができるのも、政府だけです。

政府だけが、営利企業と違って、デフレであっても、巨額の投資を行い、実際に需要を創出することができるのです。つまり、公共投資こそが、唯一、デフレ下において巨大な需要を生み出す手段なのです。

公共投資が需要と供給のギャップを埋めれば、需給がバランスして、物価の下落が止まります。物価の下落（貨幣価値の上昇）が止まりさえすれば、企業は銀行からお金を借りて投資をするようになり、消費者も支出をする方が合理的になります。こうして、民間が投資や消費を増やして需要を拡大するようになったら、デフレは終わり、経済は成長をし始めます。そうなったら、政府の公共投資は減らしてもよくなります。むしろ、この段階に入ったら、政府は、今度は需要を拡大しすぎてインフレを引き起こさないように、注意しなければなりません。

ちなみに、公共投資には、「無駄なハコモノを作っているだけ」とか「乗数効果は小さくなっている」といった批判が根強くあります。[*3] しかし、私がここで説明している公共投資の効果は、建てられたハコモノの経済効果や、乗数効果の大きさのことではありません。

デフレ対策としての公共投資の最大のポイントは、それが需要を作ることで、需要と供給のギャップを埋め、物価の下落を止めてデフレを防止するという点にあります。デフレ下では、需要を創出するのは民間だけでは無理ですので、政府がやるしかありません。

この政府の役割の重要性が十分に理解されていないから、日本は未だにデフレを脱却できていないのです。

▼日本はギリシャにならない！

このように言うと、「日本は財政危機で、破綻の恐れがあるのだから、公共投資を増やすことはできないのではないか」という疑問をもたれる方が多いと思います。新聞でもテレビでも、日本の財政危機を心配する学者や政治家の声で、あふれているからです。

しかし、「日本は財政危機なので、公共投資は増やしてはいけない」という議論は、まったくの間違いなのです。そのことについては、すでに一般向けに書かれた優れた解説書が出ていますので、くわしくは、そちらをご覧ください。[*4] ここでは、日本は財政危機ではないという議論のポイントだけを、かいつまんで申し上げておきたいと思います。

よく、財政危機に陥ったギリシャ政府の債務残高が、GDP比で一〇〇％以上あるのに対し、日本は二〇〇％近くまであるので、「日本は、ギリシャ以上の財政危機だ」と指摘する議論がたくさんあります。確かに、そんな数字を見せられると、心配になるとは思います。

しかし、財政赤字が問題であるかないかは、債務の大きさではなく、それが経済にどんな悪影響を及ぼしているかによって判断しなければいけません。例えば、財政が危機ならば、長期金利が上がったり、通貨が安くなったりするはずです。実際、巨額の財政赤字が露見したとたん、ギリシャの長期金利は暴騰し、ユーロは下落しました。

ところが、日本の場合、一九九〇年代半ば以降、政府債務残高はふくらむ一方でしたが、長期金利は世界最低水準で推移してきました。円については、現在、高くて困っているくらいです。ですから、ギリシャの債務残高を見て日本の財政破綻を恐れる前に、なぜ日本がギリシャのようになっていないかを考えるべきなのです。実際、過去に財政破綻したロシアやアルゼンチンも、当時のGDP比の政府債務残高は五〇%程度と、現在の日本よりずっと低かったのです。

なぜ日本は、アルゼンチンやギリシャのような財政破綻した国々よりも、政府債務残高のGDP比が大きいのに、金利が急騰したり、通貨が暴落したりするような事態になっていないのでしょうか。それは国債の保有者や国債の発行の仕方がまったく違うからです。

例えば、ギリシャ国債の保有者は、七割が外国人です。このため、国債の償還金は、大半が海外に流出してしまいます。しかも、ギリシャは経常収支赤字国、つまり貯蓄不足の国ですから、政府が海外の債権者に借金を返せなくなる事態が起こり得るのです。ところが、日本の国債の保有者は、九割以上が日本人です。このため、日本人の税金で国債を償還しても、その税金は日本人に戻るので、富は国外にほとんど流出しないのです。しかも、日本は貯蓄過剰の経常収支黒字国である上、世界最大の純資産国なのです。

また、日本の国債は、すべて円建てです。このため、最後は、円を刷れば返済できるのです。ところが、ギリシャの国債は、自国に通貨発行権のないユーロ建てであるため、お金を刷って返すことができません。

要するに、日本は、国債をすべて自国通貨建てで発行し、かつその保有者はほぼ日本人で占められている上、経常収支黒字国なのです。そのような国が、過去に財政破綻した例はありません。

それでも財政危機を心配する論者は、「財政赤字をこれ以上拡大すれば、いずれ国内資金でファイナンスできなくなり、金利が上昇して大変なことになる」と言い続けています。

しかし、金利の上昇とは、民間に資金需要が発生したという証拠でしょう。言わばデフレ脱却の兆候なのです。一〇年以上もデフレにある日本は、金利上昇を心配するよりも、むしろデフレを脱却して金利が上がるまで、公共投資を拡大すべきなのです。

どうしても金利上昇が心配なら、日本銀行が国債を買えばよいでしょう。そうすれば、国債の買い手がなくなって困ることもなく、金利も上昇しません。日銀の国債買い取りについては、「そんなことをしたら、ハイパーインフレになる」と主張する論者がいます。しかし、ハイパーインフレというのは、歴史上まれな現象で、戦争などで国の供給能力が急に破壊された場合など、極端な非常時にしか起きないものですから、それを心配するのは杞憂《きゆう》というものです。それに、何も「日銀はハイパーインフレになるほど国債を買え」と言っているわけではなく、デフレを脱却する程度に買ってくれればよいのです。

▼財政出動の限界を知らせるサインとは?

このように財政出動を主張すると、「では、いつまでも、がんがん公共投資を行い、がんがん財政赤字をふくらませ続ければいいのか」と批判されるかもしれません。世間にこれだけ財政危機説が垂れ流されてしまうと、そのような批判も仕方ないと思います。ですが、この財政危機説こそ、日本人の思考回路を停止させるブレーカーのひとつですので、これを解除するため、少しくどくなりますが、説明させてください。

確かに、永遠に公共投資を拡大し、財政赤字をふくらませることはできません。公共投資や国債発行をやり過ぎてはいけないのは、当然のことです。ですが、その「やり過ぎ」を示す基準は、政府の累積債務の大きさではありません。あくまで長期金利の水準、物価の水準、そして失業率の水準によって判断すべきなのです。

財政出動の「やり過ぎ」は、長期金利の上昇、物価の上昇（インフレ）、そして人手不足をもたらします。そうなったら、公共投資は減らし、財政赤字は縮小させなければいけません。ですが、今の日本はどうでしょうか。長期金利は世界最低水準をキープし、インフレどころか戦後類を見ない長期のデフレ、人手不足どころか就職難が社会問題になっているではありませんか。

ですから、今は、がんがん公共投資を行うべきであり、必要なら、がんがん国債を発行すべきなのです。ただし、それを永遠に続けろと言っているわけではなく、長期金利が上昇し始め、物価も上昇し始め、失業率も低下するまで、やるべきだということなのです。

日本経済の真の問題は、財政赤字ではありません。デフレです。財政赤字が大きいというだけで、いたずらに財政破綻を恐れ、財政出動を封じれば、デフレを悪化させるだけです。実際、現在まで続くデフレは、一九九七年の橋本内閣による財政構造改革（緊縮財政）が発端ですし、これほどデフレが長く続いてきたのも、財政危機を心配し過ぎて公共投資を減らし続けてきたからなのです。

仮に、財政支出を抑制したところで、デフレを脱却できなければ、税収が減るのですから、結局、財政は悪化してしまうのです。日本は、まさに、それを一〇年以上も繰り返してきたわけです。逆に、公共投資を拡大して需給ギャップを埋め、デフレを脱出して景気を回復させれば、一時的に財政赤字は増えたとしても、やがて景気回復とともに税収が増え、財政収支は改善に向かうのです。

しかし、日本の政府も経済界もマス・メディアも、日本は財政危機であり、公共投資は有害であると固く信じてきました。このため、世界でも例のないデフレだというのに、これをずっと放置してきました。

日本の内需が縮小しているのは、デフレのためであり、デフレの原因は、公共投資の不足にほかなりません。ところが、政府もマス・メディアも、内需の縮小を、人口の減少や経済の成熟のせいにし、「成長するには、外需を獲得するしかない」と言い張り、輸出主導の成長に固執してきました。しかし、これまで説明してきたように、輸出主導ではデフレを克服できないどころか、デフレを悪化させかねないのです。しかも、大不況で世界市場は劇的に縮小し、輸出の機会は急激に小さくなっているのに、円は高くなっています。その上、アメリカからも国連貿易開発会議からも、日本が目指す輸出主導の成長は、グローバル・インバランスの是正を妨げ、世界経済を不安定化するものだと、ほとんど名指しで批判されているのです。輸出主導の成長戦略は、完全に破綻しました。

▼TPPでは、グローバル・インバランスを是正できない

では、アメリカが推進するTPPに日本が参加し、関税を撤廃して農産物の輸入を増やしたら、グローバル・インバランスの是正に一役買うことになるのでしょうか。

答えはノーです。なぜなら、関税の撤廃により、安価な農産物が流入すれば、デフレは悪化します。デフレが悪化すれば、日本人の国民所得と購買力は低下するので、結局、輸入量は全体として増えるどころか、逆に減ってしまうのです。

では、なぜアメリカはＴＰＰに日本を参加させたがっているのでしょうか。それは、ＴＰＰがグローバル・インバランスの是正には貢献しないとしても、アメリカの農産品の輸出を増やすことができるからです。

第二章において、私は、アメリカの輸出倍増戦略には、グローバル・インバランスの是正という「互恵的」な目的と、自国の雇用の増加という「利己的」な目的のふたつの側面があることに注意を促しました。ＴＰＰとは、日本の農業市場を奪って、アメリカの農業生産者に利益をもたらすものです。ですからＴＰＰは、同じアメリカの輸出拡大であっても、後者の「利己的」な目的の方に属するものなのです。もっと露骨に言えば、ＴＰＰは、アメリカ民主党政権の農業票獲得のための手段なのです。

日本は、グローバル・インバランスの是正のため、世界経済の再建のため、輸入を拡大すべきではあります。しかし、ＴＰＰに参加する必要はありません。むしろ、ＴＰＰへの参加は、デフレの悪化を通じて、日本の輸入の総量を減らします。日本は、アメリカの消えた消費を埋める需要を作り出せなくなるため、世界経済の再建はかえって遅れてしまいます。

しかし、もし日本が、大規模な公共投資を行い、デフレを脱却して経済を成長させ、国民所得を向上させるならば、輸入量が増えます。輸入を増やすことが「開国」だとするなら、関税の撤廃だけではなく、内需拡大も立派な「開国」なのです。

日本が積極財政によってデフレを克服し、内需を拡大すれば、世界不況でアメリカという輸出先を失って苦しむ国々は、日本という輸出先を見出して景気回復のきっかけをつかみます。この場合、TPPとは違って、誰も損をしません。関係するすべての国にとって、望ましい結果となります。日本はデフレを脱却し、他国は対日輸出の増加で楽になり、グローバル・インバランスは是正の方向に向かい、世界経済はより安定します。

特に、環太平洋地域には輸出依存度の高い国が多いので、こうした国々は、大きな国内市場をもつ日本への輸出が増えれば、ずいぶんと助かることでしょう。環太平洋諸国は、日本への経済的な依存度を高めることになるのです。そうなれば、日本のポジションは強くなりますから、外交上もいろいろと日本にメリットがもたらされることでしょう。

日本の積極的な財政出動による内需拡大こそが、真の「環太平洋経済連携」をもたらすのです。環太平洋地域、そして世界経済が立ち直れば、その段階で、日本の経済界が切望する輸出も伸びるでしょう。ですから、日本の財界のリーダーたちは、いつも自分たちで言っているように、中長期的かつグローバルな視点から、戦略的に考えるべきなのです。そして、政府に対して、積極財政による内需拡大を要求すべきなのです。目の前の見せかけの利益に目がくらんで、安易にＴＰＰへの参加に賛成すべきではありません。

内需拡大は、決して「内向き」の政策ではありません。むしろ、グローバル・インバランスという世界情勢を正しく理解し、環太平洋諸国との経済連携を強化し、中長期的には輸出の拡大すら可能にする「外向き」の戦略なのです。「ＴＰＰに参加する以外に道はない」と思い込まずに、もっと外を向くべきではないでしょうか。

第五章　グローバル化した世界で戦略的に考える

▼「戦略」とは何か

「日本には、戦略がない」

これは、政府の方針が批判の的となるときに、いつも言われるお馴染《なじ》みのセリフです。テレビや新聞でコメントを求められた財界人や学者、あるいは解説者は、いつもこう言って政府を批判します。こうした批判があまりに多いものですから、政府は「○○戦略会議」といった審議会を設置したり、「○○戦略」という文書を乱発したりするようになりました。二〇〇九年に衆議院選挙で勝利した民主党の目玉政策のひとつが「国家戦略局」の設置だったのは、記憶に新しいところです。

ところで、産業界や知識人、あるいはマス・メディアが求める「戦略」とは、どのようなものなのでしょうか。そもそも「戦略」とは、どのような意味で使われているのでしょうか。私の印象では、世の中で言われる「戦略」というものは、「ある目的を達成するために、一貫した理念に基づいて決められた手順やスケジュールのようなもの」を指しているように思えます。

しかし、「戦略」とは、読んで字のとおり、もともとは戦争における計略のことであり、軍事用語です。ですから、それは相手国、もっと言えば「敵国」を想定し、相手国との関係において、自国の立場を優位にするような計略という意味をもちます。相手国との力関係をどうするか、というところに関心を向けるのが、本来の「戦略」です。

国家の経済戦略とは、経済を、自国と相手国の駆け引きであり、利益のぶんどり合いであり、言わば一種の戦争状態であるという見方に立ってはじめて、成り立ち得るのです。単なる経済成長のための国内政策の行程表は、「戦略」の名に値しません。

ですから、「日本には経済戦略が必要だ」と主張している論者たちは、本来であれば、グローバル市場を国家間の利益の奪い合いであり、基本的には、戦争のような対立状態と考えているということになります。

「日本には戦略がない」と嘆く財界人や有識者の多くがTPPへの参加を支持していますが、彼らも、グローバル市場を国家間の富をめぐる戦争の場だという経済観を有し、その戦争に勝ち残るためにTPPが必要だと考えているということでしょう。そうでなければ、彼らは「戦略」という言葉を、意味も分からず使っていたということになってしまいます。

▼TPP賛成論の奇妙なねじれ

ところが、主流派の経済学者たちは、経済学の開祖であるアダム・スミス以来、世界市場は国家間の富の奪い合いであるという見方を否定してきました。世界市場を国家間の利益のぶんどり合いとする考え方は「重商主義」と呼ばれています。重商主義は、貿易黒字を勝ち、貿易赤字を負けとみなします。

アダム・スミスの『国富論』は、この重商主義を批判し、世界市場における各国間の取引(貿易)は、自国も貿易相手国も両方とも得をする互恵的な関係であると主張し、自由貿易を擁護したのです。経済学は、世界市場を国家間の経済戦争とみなす思想を否定することで、成立したと言っても過言ではありません。

主流派の経済学は、アダム・スミス以来、伝統的に、自由貿易を互恵的であるという理由で擁護してきました。ですから、主流派の経済学には、グローバル市場を富の奪い合いとみなす「戦略」という発想が、基本的には馴染みません。経済学者たちは、自由な市場には、国家戦略などいらないと考えています。

経済学者の多くがＴＰＰに賛成しているのは、経済学の理論において自由貿易は互恵的だとされており、ＴＰＰがその自由貿易の原則を忠実に実行するものだと思われているからなのです。

しかし、ここで、ＴＰＰをめぐる議論に奇妙なねじれが生じていることが分かります。「ＴＰＰへの参加は、日本の国家戦略の観点から望ましい」と主張している論者は、世界市場を富の争奪戦の場だと考えています。他方、「ＴＰＰへの参加は、経済学が理想とする自由貿易を実現するものだから望ましい」と主張する論者は、世界市場を富の争奪戦の場とする経済観を否定し、世界市場は互恵的であると考えているのです。

つまり、グローバルな市場とは何かについて、まったく相反する思想をもつ論者たちが、双方ともＴＰＰへの参加に賛成しているのです。

いったい、どちらのグローバル経済観が正しいのでしょうか。そして、ＴＰＰへの参加は、参加国間の富の奪い合いなのでしょうか、それとも参加国すべてに利益をもたらすものなのでしょうか。本章では、この点について考えてみたいと思います。

▼貿易は本当に互恵的か

結論を先取りして言えば、私は貿易政策においても「戦略」が必要であると考えています。そして、ＴＰＰが互恵的であるとは考えていません。ですが、私は、「貿易黒字は勝ちで、貿易赤字は負け」と考える重商主義は間違っていると思います。

第三章において議論したように、貿易が黒字であることがよいことかどうかは、一概には言えません。貿易収支、より正確には経常収支は、一国の貯蓄と投資のバランスの結果です。その貯蓄と投資の関係の結果、失業率が低く、物価も安定的で国民が幸せであり、かつ経常収支が赤字であることもあれば、逆に、経常収支が黒字でも国民が不況に苦しんでいるということはあり得ます。ですから、経常収支の黒字が勝ちで、赤字が負けだと言うことはできません。

経常収支の赤字が続くことの問題点は、むしろ、それがバブルを引き起こしやすいというところにあることは、すでに説明しました。その意味では、経常収支が均衡することは、よいことかもしれません。しかし、経常収支の黒字が続くことがよいことだとも言えません。それは、裏面では、どこかの国の経常収支の赤字が続いてバブルが起きやすくなっていることを意味するのかもしれないからです。

また、一般論として言えば、自由貿易が互恵的となる可能性はあるだろうとも思います。二国間で貿易を行えば、ある財の生産国は相手国にその財を輸出して利益を稼ぎ、消費国はその財を輸入して消費という利益を享受することになります。そこで、とりあえずの互恵関係が成立します。

しかし、貿易によって、一方の国がモノを売ることで利益を稼ぎ、他方の国がそれを買うことで消費という恩恵にあずかるからと言って、両国がつねに同じように利益を得るというわけではありません。なぜなら、貿易する財の性質や市場の構造によって、両国の力関係は異なるものとなるからなのです。両国の力関係に変化を与えるような財は、「戦略物資」と呼ばれています。

▼政治に力のおよぶ戦略物資

石油を例にとって考えてみましょう。一九六〇年代、石油の輸出国は中東に偏っていました。その一方で、石油の消費国は多数あり、かつ先進国ではエネルギーという必需品の大半が石油に依存していました。このため、中東諸国は、中東戦争が勃発すると、石油の価格を引き上げ、先進国に圧力をかけました。これが「石油危機」です。

石油危機のとき、中東からの石油の供給は、実は断絶したわけではありません。ただ、異常に高い値段が付けられただけです。先進国は、高い値段で石油を買わざるを得なくなっていました。しかし、高値の石油を売りつけた中東と、高値でも買わざるを得なかった先進国との関係は、互恵的とは言えないでしょう。このとき、中東諸国は、先進国に対して、石油を言い値で買わせるというパワーを手にしたのです。それだけでなく、中東は、その石油の価格支配力を政治圧力に利用しようとしました。石油をめぐる中東と先進国のパワー・バランスは、中東側に傾いたのです。

この石油の例のように、生産国が少数で消費国が多数の市場、いわゆる「売り手独占」の場合であって、かつ財が必需品である場合は、生産国は消費国に対して価格支配力をもつことができます。そのような財が、「戦略物資」です。

「戦略物資」がもたらす価格支配力は、ときに政治の支配力に利用されます。必需品の価格を一方的に引き上げることで、他国の経済に打撃を与えられるからです。実際に価格を上げなくても、その脅しだけで十分、強力な政治圧力になります。

しかし、財の生産国がいつでも支配力をもつわけではありません。消費国の方が価格支配力をもつような財や市場の構造もあり得ます。例えば、生産国は多数あるが、消費国は一国しかないような「買い手独占」の財であって、かつその財が必需品ではない場合には、生産国は消費国の言い値でその財を売らざるを得なくなります。この場合は、消費国の方が生産国に対して価格支配力をもつのです。

石油危機の後、先進国は、中東以外の地域での油田の開発を進め、原子力や石炭など石油以外のエネルギーの利用を促進し、あるいは省エネルギーにつとめました。先進国は、中東の石油への依存度を低めようとしたのです。その結果、中東以外の地域からも石油が輸入できるようになりました。また、エネルギー源の選択肢は多様化し、石油にそれほど頼らなくてもよくなりました。そのため、中東の石油に対する「売り手独占」は崩れ、むしろ石油の買い手である先進国の力が強くなっていきました。こうして、中東は石油の価格支配力を失い、石油の価格は国際市場において決定されるようになっていったのです。

それとともに、中東の政治的なパワーも低下しました。

このように、貿易は、売る国は稼ぎ、買う側は消費の効用を得るからといって、双方が平等に互恵的な関係になるとは限りません。取引される財の性質や、売り手と買い手の数などによって、一方の側にパワーが発生することがあるのです。世界市場における各国の「戦略」とは、取引される財の性質や市場の構造を見極め、自国のパワーを強め、貿易相手国のパワーを弱めるように、市場の構造を自国に有利なように改変しようとすることなのです。

▼戦略的互恵関係とは？

世界市場における「戦略」の意義を考える上で有益な最近の例としては、日本と中国の関係があります。

日中関係については、「戦略的互恵関係」ということがよく言われます。「戦略的」という言葉のニュアンスからすると、「戦略的互恵関係」とは「相互に相手国を自国に依存させ、お互いに相手国がなくてはならない存在とするような関係」のことだと思われます。

日中の経済が相互に依存し合い、お互いに相手がなくてはならないような関係になれば、仮に、両国の間で、容易に解決ができない難しい問題が生じたとしても、全面対決になる前に、相互に妥協の道を探るようになるでしょう。例えば、靖国神社参拝の問題は、日中の歴史観の違いによるものであり、両国の歴史観の違いを払拭することは、極めて困難です。しかし、もし、両国が、お互いに相手国と仲良くしなければ、自国の経済が立ち行かなくなるような相互依存関係にあるならば、とりあえず歴史問題は棚上げして、日中友好を維持することを目指すでしょう。これが「戦略的互恵関係」の狙いです。

この関係は、単なる「互恵関係」ではなく、「戦略的」という点が重要です。生産国と消費国の相対的な数、そして財の必要性の程度によって、国家間の力関係は違ってきます。「戦略的互恵関係」を構築するには、この力関係を考慮しつつ、両国のどちらか一方のパワーが優位に立たないように、バランスをとらなければなりません。

▼中国の戦略に敗れた日本

ところが、二〇一〇年に尖閣沖における中国漁船の領海侵犯事件が起きると、日中間の関係はどんどん悪化してしまいました。日本と中国は、「戦略的互恵関係」を構築できていなかったのです。それは、なぜでしょうか。まず、日本政府の経済戦略を分析してみましょう。

二〇〇九年末に策定された政府の「新成長戦略（基本方針）」を見ると、「アジア経済戦略」と題して、次のようなことが謳われています。

まず、アジア市場は「日本にとって、大きなビジネス機会である」という認識が示されます。その認識の下、「環境技術において日本が強みをもつインフラ整備をパッケージでアジア地域に展開・浸透」させると宣言しています。アジアへのインフラ輸出で日本経済の活性化を図ろうというのです。

また、「観光立国・地域活性化戦略」と題する部分においては、「急速に経済成長するアジア、特に中国は、観光需要の拡大の可能性に満ちている」という認識を示しています。そして、「例えば、中国から日本を訪問している旅行者数は年間約一〇〇万人」に上るとし、中国からの観光客が大挙して来日し、不況に苦しむ日本経済に大きな利益をもたらしてくれるだろうと、大きな期待感を表明しているのです。

ところが、尖閣沖で領土問題が勃発すると、中国は、まるで、この日本の戦略に対応したかのような対抗措置を次々と講じたのです。

まず、インフラ輸出の関係では、建設会社フジタの社員を拘束しました。また、アジア太平洋地域インフラ担当大臣会合への出席を取りやめ、日本に外交圧力をかけました。観光関係でも同じです。北京市の観光当局は、訪日旅行の募集や宣伝を自粛するよう要請し、またAPEC観光大臣会合の歓迎レセプションに欠席してみせました。

実は、中国は、日本が期待するインフラ輸出と観光について、その財の性質と市場の構造が生み出すパワー・バランスを考慮に入れて、このような対抗措置をとっていたのです。

まず、インフラ輸出市場について見てみましょう。日本は、成長する中国経済が、インフラへの需要を伸ばすであろうと見込んで、インフラ輸出を企てました。しかし、中国へインフラを売り込みたい国は日本だけではなく、欧米にも複数存在しています。また、中国が自前でインフラを整備することもできるでしょう。日本は、ライバルの欧米勢や中国の現地企業との競争を勝ち抜いて、中国政府からインフラを受注しなければならない立場にいるのです。その一方、中国にしてみれば、日本に優先してインフラ整備を発注しなければならない理由は何もありません。中国政府は、何かあればいつでも、インフラの入札から日本企業を排除して、日本を困らせることができるのです。インフラ市場は、買い手である中国の支配力が強くなっているのです。

観光分野も、同じように考えることができます。日本側は中国人観光客を成長の切り札と思っていても、中国側にとっては、日本の観光サービスは必需品ではないので、別に中国人観光客の訪日を禁止しても困りはしないのです。成長戦略が頓挫した日本側が困るだけです。要するに、観光分野においても、買い手の中国に支配力があるということです。

同じことは、レアアースにおいても、発生しました。

日本は、ハイブリッド自動車、電気自動車、省エネ・エアコンなどの環境技術において強みをもっています。しかし、こうした技術に使用される高性能のモーターには、レアアースの使用が不可欠な永久磁石が用いられています。そして、そのレアアースは、九割以上を中国からの輸入に依存していたのです。日本の強みである環境技術は、実は、中国に首根っこを押さえられていたのです。レアアースは、かつての石油と同様、戦略物資としての性格の強い財でした。尖閣沖の領土問題が発生したとき、中国からのレアアースの輸入が途絶し、日本の産業界に大きな動揺が走ったのは、記憶に新しいことと思います。

このように中国は、財の性質や市場の構造が生み出す支配力を巧みに利用して、自国に優位になるように、日中の貿易関係を構築してきていたのです。

それに引き換え、日本はどうでしたでしょうか。この中国の術策にまんまとはめられ、中国の支配力を増す関係の構築にせっせと手を貸してきていたのです。それどころか、それを「戦略」と題して、ご丁寧に公表までしていました。実際のところは、中国へのインフラ輸出や中国人観光客の来日によるGDPの押し上げ効果などは、たいしたことはないでしょう。ですが、「新成長戦略」にでかでかと掲げてしまったので、実際の話以上に、期待がふくらんでしまっていました。

このため、中国が、領土問題の発生に際して、かねてより用意していた戦略に従って、次々と対抗措置を発動すると、日本側はあっさり腰砕けになり、一方的に妥協を余儀なくされました。日本側の敗北です。

尖閣の問題は、日中関係は「戦略的互恵関係」にはなかったことを明らかにしました。日中が「戦略的互恵関係」を築けなかった理由は、もう明らかだと思います。それは、中国は戦略的に動いていましたが、日本はそうではなかったからなのです。

▼食料自給率の問題

以上のような貿易の戦略性を念頭に置きつつ、農業について考えてみましょう。

日本の農業については、すでにさまざまな議論がされてきています。私の手元にある最近の新書でも、例えば島崎治道氏の『食料自給率100％を目ざさない国に未来はない』は、食料自給率を低下させた農林水産省の政策を厳しく批判しています。[*1] 各食料の供給熱量に基づいて計算されたカロリー自給率（二〇〇三年）は、アメリカが一二八％、フランスが一二二％、ドイツが八四％、イギリスは七〇％であるのに対し、日本は四〇％程度しかありません。

ところが、私の手元のもう一冊の新書、浅川芳裕氏の『日本は世界5位の農業大国―大嘘だらけの食料自給率』という本は、カロリー自給率という計算方法で比較するのはおかしいとして、農業生産額で各国を比較しています。[*2] それによると、一位から順番に、中国、アメリカ、インド、ブラジルとなっていて、日本は五位だというのです。浅川氏は、島崎氏とは反対に、間違った政策目標値である食料自給率を向上させようとしてきたとして、農林水産省の政策を糾弾するのです。

しかし、ここでの私の議論の目的は、島崎氏と浅川氏の主張を比較検証して農林水産省の政策を評価するということではありません。両者の議論を参考にしつつ、貿易の戦略性の観点から、食料の安全保障の問題を検討することにあります。

私の関心のポイントは、財の性質や市場の構造が生み出すパワーです。ですから、島崎氏と浅川氏が論じているような食料全体のカロリーや生産額といったマクロの数字よりも、農産品貿易における個別の財の性質とその市場の構造を重視したいと思います。

そうした観点から、まず関心が向いたのは、島崎氏の指摘する日本の穀物の自給率の低さです。それによると、二〇〇三年の穀物自給率は、フランスが一七三％、アメリカは一三二％、イギリスは九九％であるのに対し、日本は二七％と極端に低くなっています。なお、アメリカの穀物生産量は、二〇〇六年において、約三億四六五六万トンで、そのうち約八三〇〇万トンを輸出しています。その最大の輸出先は日本で、輸出量は約二〇九〇万トンであるとのことです。

また、品目別の食料自給率（重量ベース）で見てみると、二〇〇七年、コメは九四％、野菜類は八一％ですが、牛肉は四三％、小麦は一四％、大豆は五％、トウモロコシはほとんど〇％です。さらに、（輸入大豆から搾油した後に残る大豆油かすを除いた）国内産飼料の自給率は一〇％とのことですから、数字上は四三％の自給率である牛肉も、実際には、その餌《えさ》の約九割が海外に依存しているのです。

しかも穀物類は、アメリカへの依存度が高く、小麦は約六〇％（二〇〇八年）、大豆は約七〇％（二〇〇九年）、トウモロコシは九五％以上（二〇〇九年）が、アメリカからの輸入で占められています。*3

カロリー・ベースという自給率の計算方法には、浅川氏が厳しく批判しているように、いろいろ問題があるようですが、少なくとも穀物に関しては、重量ベースで見ています。日本の穀物の自給率が、他の先進国と比べて極端に低く、しかもアメリカからの輸入に依存し過ぎているということは、間違いなく言えそうです。

▼食料の戦略性

さて、穀物の国際市場には、次のような特徴があると言われています。

まず、一般に、穀物の輸出国は、自国における消費量の余剰分を輸出に回すという構図になっています。

そして、穀物の発育は、天候などの影響を大きく受けるので、生産量が大きく変動します。天候が不順で不作になると、穀物輸出国は、国内消費分の供給を優先し、その分、輸出量を減らして調整します。どの国も、自国民を食わせるのを優先するのは当然でしょう。

このため、穀物の輸出量は、天候の影響による変動以上に、大きく変動します。国内への供給を安定させるために、輸出を調整弁にしているからです。

ちなみに、大豆やトウモロコシなどの国際先物市場が発達したのは、まさに、このような市場の構造のためです。国際市場への供給量が大きく変動し、価格が変動するリスクが大きいからこそ、リスクヘッジのための先物市場が重宝され、発達したのです。

このような穀物の国際市場の構造を見ると、生産余剰分を輸出に回す輸出国は、輸入するばかりの国に対して、大きな支配力を有していることが分かります。不作のときには、生産国は、輸入国の消費者がどんなに困ろうと、まずは自国民のための供給を優先するに決まっているからです。そして、困っている輸入国に輸出をするとしても、法外な売値をふっかけることでしょう。

穀物輸出大国のアメリカは、強大なパワーを手にしていると言えます。実際に穀物を法外な高値で売らなくても、その能力があるというだけで、十分に政治的なパワーがアメリカにもたらされているのです。

私は心配し過ぎていると思われる読者の方もおられるかもしれません。しかし、アメリカが穀物輸出を禁輸したことは実際にあるのです。

一九七二年ごろ、ペルー海沖でとれる飼料用のカタクチイワシの漁獲高が、エルニーニョ現象によって半減し、カタクチイワシに代わる飼料原料の大豆かすが高騰、大豆と食肉も大幅に値上がりしました。アメリカ国内では飼料価格高騰に苦しむ畜産団体と食肉高騰に苦しむ消費者団体の両方が、当時のニクソン政権に圧力をかけました。

こうした中、一九七三年六月、ニクソン大統領は、突然、大豆の禁輸を発表しました。しかし、アメリカ産の大豆の最大の輸入国であり、冷戦下における西側の同盟国であった日本には、何の事前通告もなかったのです。日本国内の味噌や醤油といった大豆製品関連業界は一時期、パニックに陥りました。[*4]

▼石油より政治的パワーの強い穀物

しかも、アメリカの農業大国としてのパワーは、市場の構造を考えると、中東の石油によるパワーより強力だとも言えます。

中東諸国は石油の生産量が大きいですが、石油の国内消費量はわずかです。中東諸国は、もっぱら石油を海外に売るために生産をしているのであり、生産する石油の大半を海外の国々に買ってもらわなくては、国の経済が成り立ちません。ですから、実は、中東諸国は、石油の消費国に対して、あまり強気な商売はできません。生産量のほとんどを輸出に回し、しかもその輸出に依存する経済構造の国は、貿易相手国に対して強いパワーをもつことができないのです。その上、先進国の石油依存度が低下し、また中東以外の石油の開発が進んだ現在では、中東諸国のパワーはなおさら弱まっています。

これに対して、アメリカの穀物輸出量は大きいですが、国内消費量はもっと巨大です。アメリカは、穀物の余剰分を輸出に回しているに過ぎません。必要であれば、いつでも輸出を減らして国内に回すつもりでいます。中東の石油と違って、アメリカは輸入国に対してかなり強気のポジションをとることができるのです。そのアメリカの穀物輸出に大きく依存してしまっている日本は、かなりリスクの高い状況下にあります。アメリカに支配されているも同然だと言えるのではないでしょうか。

ここで私が想定している「リスク」は、食料の供給が途絶する可能性だけではありません。輸入食料の価格がどんなに高騰しても、それを買わざるを得なくなる可能性のことも含みます。量のリスクだけでなく、価格のリスクも含むのです。

実は、エネルギー安全保障も、途絶のリスクだけでなく、価格高騰のリスクも含めて考えられています。過去に二度、二〇〇八年の原油価格高騰も含めると三度、石油危機はありましたが、いずれも、日本への石油の供給が途絶したことはありませんでした。「石油危機」というのは、石油が供給されなくなったということだけではありません。石油の値段が暴騰したにもかかわらず、それを国民が買わざるを得ないがために、経済が圧迫されて不景気になったということも含まれるのです。ですから、食料の安全保障についても、供給の途絶だけでなく、価格高騰による経済への悪影響も考慮に入れるべきでしょう。

供給の途絶を防ぐためだけであれば、国民に十分な購買力さえあれば、つまりお金さえあればよいのかもしれません。どんなに高くても、海外から食料を買ってくればよいからです。しかし、だからと言って、輸出国の言い値で買わざるを得ないような弱い立場にあるのを放置するというのは、いかがなものでしょうか。値段はいくらであっても、買えればいいというのでしょうか。それでは、悪徳業者にぼったくられたりしているようなものです。しかも、この食料の価格支配力は、かつての中東の石油と同じように、政治の支配力としても利用し得るのです。

なお、前章までの議論で、私は、物価が下落するデフレを脱出し、物価の緩やかな上昇を目指すべきだと主張しました。ただし、それは、国民所得の上昇に伴う価格の緩やかな上昇が望ましいということであって、単に価格が上昇すればよいというわけではありません。海外の国や企業の独占のパワーや投機マネーによる不当な価格のつり上げは、国富を海外に流出させ、国民経済を圧迫し、国民所得を引き下げるものです。この場合、見かけ上、物価は上昇しますが、消費は冷え込むので、実質的なデフレはかえって進行します。言わば、経済の川上（原材料）はインフレですが、川下（消費）はデフレなのです。

二〇〇七年後半から二〇〇八年前半にかけて原油価格や食料価格が暴騰しましたが、このとき、この「川上インフレ、川下デフレ」という現象が起きました。世界不況により世界的なカネ余り状態になっている現在も、この現象が起きる可能性は少なくなく、警戒が必要です。

▼種の支配者

もっと恐るべきは、「F1品種」の問題です。これについては、島崎氏の著作を参照してみましょう。

「F1品種」とは、品種の優秀性が一代限りの性質をもつ農産物のことです。異なる遺伝子形質を有する二つの品種を掛け合わせると、生まれてくる世代（F1世代）すべてに優性遺伝子の性質が現れ、非常に生産性に優れた品種となります。しかし、F1品種の種子から育ったF2はF1より生産性が低下し、F3、F4となるにしたがって、さらに生産性が低下します。中には種を採れないものもあるようです。

現在では、市販されている野菜類の九割以上がF1品種となっており、しかも、アメリカのモンサント社という多国籍企業がＦ１品種の種子をほぼ独占しています。Ｆ１品種の優秀性は一代限りなので、採種しても意味がないため、農家はモンサント社からの種子を購入し続けなければなりません。

島﨑氏は、日本の野菜類の農家が、生産性を最重要視して、このＦ１品種の輸入種子に依存していることに警鐘を鳴らしています。日本の野菜類の自給率は約八割ですが、その種子はアメリカからの輸入に依存しており、かつ依存し続けなければならない状態になってしまっているのです。アメリカのモンサント社は、Ｆ１品種の特殊性と日本の農業の構造を戦略的に活用して、日本を支配する恐るべきパワーを手にしたというわけです。[*1]

アメリカでは、モンサント社に限らず、カーギルやＡＤＭといった「穀物メジャー」と呼ばれる大手国際穀物商社などの農業関連企業や農業団体が、ワシントンに大きな影響力をもっていると言われています。農業市場の開放は、農産品といっしょに、こうした強大な政治的なパワーをも国内に招き入れることになります。日本の政治が、アメリカの利益集団の圧力を受けるようになるのです。「国を開く」というのは、そういうことです。

「規制や関税に守られた既得権益と政治との癒着が、日本の農業の構造的な問題なのだ。

これを破壊するには、TPPのような外圧が必要だ。日本という国は、外圧がないと変わらない」

こんな意見をしばしば聞くことがあります。こういう構造改革論には、根強い人気があります。しかし、TPPによって日本の農業の既得権益とその政治力が破壊されたのち、それにとって代わるのは、もっと強力なアメリカの農業の既得権益と政治力なのです。それ以前に、TPPという外圧自体からして、その背後にはアメリカの農業利権が控えていることでしょう。構造改革論者は、国内の利権には目くじらを立てるのに、日本を支配しようとする外国の利権については、どうして無警戒で、寛容ですらあるのでしょうか。

いずれにせよ、食料の売買による資金フローや量だけではなく、取引される食料の性質や、市場の構造などを分析しなければ、そこから生ずる政治的なパワーを読みとることはできません。農業生産額で比較すれば、日本は世界第五位の農業大国なのかもしれませんが、そのパワーは世界第五位からは、ほど遠いと言わざるを得ません。日本がGDPは世界第三位であっても、その政治的なパワーも世界で三番目に強いわけではないのと同じです。

▼水資源問題がもたらす危機

しかし、「穀物や種子がアメリカからの輸入に依存していても、良好な日米関係を維持していればよいではないか。いや、食料をアメリカに頼らざるを得ないから、日米関係を最重要視しなければならない。だからTPPへの参加が必要なのだ」という反論があるかもしれません。あるいは、「食料を全部自給できるというのは夢物語だ。大事なのは、むしろ食料の貿易を発達させること。そのために、貿易を自由化すべきだ。だから、TPPへの参加が重要なのだ」という意見もあるかもしれません。浅川氏も著書の中で「真の食料安保は、入手先の多様化と発達した貿易関係こそが担保するのである」と主張しています。

しかし、はたしてそうでしょうか。私は、とてもそのようには楽観できません。なぜなら、気候変動と水資源の問題が心配だからです。

世界的に著名な環境学者であるレスター・ブラウンは、世界のさまざまな地域において、水資源が枯渇するリスクがあると警鐘を鳴らしています。*5 例えば、アメリカ中西部の穀倉地帯などでは、地下水を大量に汲《く》み上げて、穀物を生産しています。しかし、その地下では、地下水の水位が著しく下がっており、枯渇のリスクがあるのです。アメリカのみならず、世界各地で地下水の水位が下がったり、河川が干上がったり、干魃《かんばつ》が起きたりし始めているようです。

ブラウンは、石油資源の枯渇よりも、水資源の枯渇の方がよほど恐るべき脅威であると指摘しています。石油は他のエネルギー源による代替が可能であるが、水はそうはいかないからです。

実際、アメリカは、国家をあげて水資源の確保に取り組もうとしています。これは、土木学会会長の阪田憲次先生に伺ったのですが、アメリカはサンディエゴ市に水を供給するサン・ヴィセンテ・ダムのかさ上げ工事を計画しているとのことです。それにより、サンディエゴ市民一二五万人の一年間の使用水量に匹敵する水を追加的に貯めることができるようになるそうです。アメリカは、将来の水不足にリアルな危機感をもって、戦略的に動いているのです。それに比べて、日本のダムは全部で約二七〇〇カ所ありますが、それらをすべて合わせても、アメリカのフーバー・ダムの七分の六の貯水量にしかなりません。

それなのに、「ダムはムダ」などという親父ギャグを売り文句にして、ダムの建設を中止して喜んでいるのだから、おめでたい国です。しかも、最近では、中国資本など外資による日本の水源地の買収が進められているというではありませんか。

この水資源の問題を考えると、日米関係の維持を最優先にしようが、日本人がたくさんお金をもっていようが、ほとんど無意味ではないでしょうか。もし、アメリカの水不足が深刻になり、穀物生産が減少すれば、アメリカは当然、輸出量を減らし、国内供給量を増やすでしょう。しかし、日本への輸出量が減ったり、価格が高騰したりしたとしても、アメリカを利己的だと非難することはできません。日本が「いくらでも金は出すから、こっちに回してくれ」と頼んでも、自国民の食料の確保を優先することは、国家として当然のことです。むしろ、いざというときに自国民の食料を守ることを考えてこなかった日本が悪いのです。

もちろん、TPPに参加しなくても、すでに日本は、そのような脆弱な国になってしまっています。しかし、だからと言って、「アメリカへの食料依存は、今に始まったことではない」とばかりにTPPに参加して、アメリカ依存をさらに深めようとしている精神構造が、私にはまったく理解できません。

食料と水を巡る政治のことを考えると、穀物の輸入先を多様化すればよいなどという考えすらも、甘すぎるということが分かると思います。

第一に、水資源の枯渇は地球規模で起きているのであり、多くの農産品輸出国が直面している問題です。輸入先を多様化したところで、どの輸入先も水資源の問題を抱えているのです。

第二に、穀物市場が国際化されているがゆえに、一国の不作は世界全体の価格高騰を招きます。しかも最近では、商品(コモディティ)市場が発達したために、穀物の価格が国際金融市場の影響を受けて変動しやすくなっています。さらに、アメリカがトウモロコシをバイオ燃料の原料として使うようになったために、トウモロコシの価格は国際原油市場の影響まで受けるようになっています。その上、世界不況で資金が過剰に供給されている現在のような状況では、いつ食料価格が世界的に暴騰してもおかしくありません。

しかも、多くの国が、農産物の輸出規制を行った実績をもっています。例えば、二〇〇六~〇八年の食料価格の高騰で、ベトナム、カンボジア、インドネシア、インド、カザフスタン、エジプト、セルビア、アルゼンチンが穀物の輸出禁止を実施し、ロシア、ウクライナ、中国は輸出税や輸出枠によって穀物輸出を制限しました。[*6] アメリカもニクソン政権時に大豆を禁輸したことがあることは先に申し上げました。食料と水を巡るリアル・ポリティクスの前には、「入手先の多様化と発達した貿易関係」などは無力なのだということに、私たちは気付かなければなりません。

▼貿易には戦略が必要

自由貿易は、必ずしも互恵的ではないのです。日本はアメリカに自動車を輸出し、アメリカは日本にトウモロコシを輸出しているのを見て、経済学者は「日米貿易は、互恵的な関係だ」と言うかもしれません。しかし、アメリカは日本からの自動車の輸入がなくても、国産車もあるし、ヨーロッパからも輸入できますが、日本はトウモロコシを国産ではまかなえないし、アメリカ以外の国から必要な量を輸入するのも容易ではないのです。しかも家畜の飼料でもあるトウモロコシは、自動車よりはるかに必需品としての性格が強い財です。したがって、この自由貿易の関係においては、アメリカの方にはるかに強いパワーが生まれているのです。

日本の農産品を輸出しようという農業改革論者たちも、貿易戦略の本質を分かっていません。彼らが輸出を推奨する高付加価値・高品質の農産品は、ぜいたく品であり、必需品ではありません。他方、日本が輸入している穀物や野菜の種子は、必需性の高い財なのです。必需性の高い農産品同士をお互いに取引するのであれば、堅固な相互依存関係が構築できるので、食料安全保障の強化に資するかもしれません。しかし、必需性の高い財を輸入して、必需性の低い財を輸出するような貿易関係は、一方的な海外依存でしかありません。それでは、農業が輸出産業化したとしても、脆弱な構造は変わらないのです。

しかも、気候変動や水資源の枯渇といったリスクがある限り、そして各国が自国民の安全保障や食料事情を優先する限り、必需性の高い食料を海外に大きく依存することは、その国をかなり弱い立場に追い込むに違いありません。

以上のことから、グローバル市場においては「戦略」が必要だという大方の意見に、私は賛成します。ただ、「日本には戦略が必要だ」というのを口癖としている人に限って、戦略的に考えようとはしないことが多いというのが、大きな問題なのです。

▼アメリカの戦略に乗せられる日本

TPPの問題は、貿易を戦略的に考えるための非常によいテスト・ケースであるように、私には思われます。TPPによって輸出を拡大しようとするアメリカの戦略は、おそらく、こんな感じです。

アメリカに強力な競争力があるのは、農業と金融です。近年、気候変動による水資源の希少化が進むと見込まれています。さらに、世界不況の長期化に伴う各国の金融緩和の継続により、過剰に供給されたマネーが商品市場になだれ込むと思われます。このふたつが相まって、食料価格が上昇することが予想されます。そこで、日本の食料をアメリカに依存させる構造をあらかじめ作っておけば、食料価格の高騰によって、日本からアメリカへと富が移転します。アメリカの農家の収入は増え、商品市場も活況を呈するでしょう。食料価格の上昇は、農業と金融に強いアメリカの富と力を大いに増やすものです。アメリカは、食料価格の上昇を見越して、TPPを仕掛けてきているのです。

そのようなアメリカの戦略を象徴する人物が、クレイトン・キース・ヤイターです。ヤイターは、アメリカが新自由主義的な理念にのっとって金融の自由化を進めていた一九八〇年代前半、シカゴ商品取引所の最高経営責任者として、先物取引部門の充実に努めていましたが、その後、レーガン政権の通商代表に転身し、さらに、ブッシュ（父）政権では農務長官を務めました。現在は、ワシントンにある法律事務所の上級顧問になっています。ヤイターは、いわゆる典型的な農業系ロビイストなのです。

レーガン政権の通商代表時代のヤイターは、日米半導体協定や米加自由貿易協定の締結を手掛けました。ところが彼は、米加自由貿易協定について、後に「カナダ国民は、何に調印したのかを分かっていない。彼らは、二〇年以内にアメリカ経済に吸収されるだろう」などと発言しています。[*7] まったく煮ても焼いても食えないような男です。

このヤイターが、TPPについて、二〇一〇年一二月二二日付の産経新聞の取材に対して次のように答えています。非常に面白いので、抜粋しましょう。[*8]

【ワシントン＝渡辺浩生】クレイトン・ヤイター元米通商代表は（中略）TPP参加は農業改革推進の契機にもなると強調。「乗り遅れてはならない」と述べ、菅直人首相に政治的な決断を促した。ヤイター氏は、約二〇年間経済的停滞を続ける日本が「若い世代に将来の希望を与えるため、世界経済にもっと積極的に深くかかわる必要がある」と指摘。（中略）参加の障害である農業分野の市場開放を交渉で忍耐強く扱われるべき問題と位置付け、「日本だけが不可能な課題ではない」と強調。過去、欧州連合（ＥＵ）が自由化交渉の過程で農業改革を成功させた例を挙げ、日本もＴＰＰ交渉を農業改革推進の「メカニズム」として活用すべきだと提言した。（中略）最後に、ヤイター氏は、「国や世界をより良い場所とするために、指導者には危険を冒し、厳しい決断が必要なときがある」と菅首相に助言、「来年のある時期までに、日本が決定できなければ、列車（ＴＰＰ交渉）は日本を残して走り出す」と決断を促した。

ＴＰＰに乗り遅れるな。若い世代は海外に目を向けろ。ＴＰＰは、農業改革推進のために活用できるので、農業のことは心配はいらない。むしろ、日本の農産品は成長するアジアに輸出できるから自信をもて。政治指導者には、ＴＰＰ参加という決断が必要だ。

アメリカの農業と商品市場のロビイストであるヤイターは、まるで日本のＴＰＰ推進論者たちと瓜二つの口調でもって、日本にＴＰＰに参加するよう、アドバイスを送るのです。笑ってしまうほどの「おためごかし」なのですが、悲しいかな、政府も財界もマス・メディアの大勢も、この程度の見え透いた手に乗せられて大騒ぎをしているというのが、我が国の現実なのです。

第六章　真の開国を願う

▼「横浜で開国宣言」のレトリック

菅直人首相は、二〇一〇年一一月のAPEC横浜会合で、次のように演説しました。

「日本では一七世紀から一九世紀にかけ、外国との往来を厳しく制限した、鎖国と呼ばれる時代がありました。さまざまな困難を乗り越えて開国に踏み切ったのは、今から一五〇年ほど前のことです。

我々が集う横浜は、当時開かれた港のひとつで、今日では日本でも屈指の国際港に成長しました。その横浜の地で、皆さんを前に申し上げたいことがあります。日本は、今また、国を開きます」

横浜が開港したのは、一八五八年の日米修好通商条約によってです。この条約は、日本が治外法権（外国人が日本で罪をおかしても日本の法律で処罰できない）を認め、日本に関税自主権がない（輸出入品に対して日本が自主的に関税をかけられない）という不平等な条約でした。菅首相が、横浜で開国を宣言したのは、尖閣沖の領海を侵犯した中国漁船船長の釈放という「治外法権」や、TPPへの参加という「関税自主権の放棄」を、各国首脳や国民に連想してもらいたかったからだというのは、さすがに悪い冗談でしょう。

もちろん、菅首相は、国民一般に抱かれている「開国」という言葉のイメージに訴えたかったのです。

鎖国政策をとっていた幕府は、守旧的で閉鎖的だったため、世界情勢の変化に対応できなかった。そこで、世界情勢を知って目覚めた幕末の志士たちが倒幕に立ち上がり、ついに大政奉還と新政府の樹立、そして文明開化を成し遂げた。世界情勢に開かれた先見の明が、国内の抜本的な改革を成功させたのだ。こういったストーリーです。実際には、「開国」を決断したのは幕府なのですが、まあ、おおざっぱに、幕府と言えば「鎖国」、明治維新と言えば「開国」というイメージが広く抱かれていると言ってよいでしょう。

この図式の中では、「開国」は積極的・開放的・進歩的、つまりよいことです。反対に「鎖国」は消極的・閉鎖的・守旧的、つまり悪いことというイメージになっています。TPPへの参加を「平成の開国」とするレトリックは、このポピュラーな歴史のイメージに重ね合わされているのは言うまでもありません。

▼第三の開国？

「平成の開国」のほかに、「第三の開国」というような言い方も、よく目にします。「第一の開国」は幕末・維新の開国、「第二の開国」は第二次世界大戦の敗戦と占領軍による改革、そして「第三の開国」は現在のグローバリゼーションへの対応だというわけです。このような発想の背景には、次のような歴史観があります。

第一の開国は、黒船の来航以降の西洋列強による外圧によって強引になされた。第二の開国もまた、アメリカによる占領によってなされた。そしていずれの開国も、外圧に屈するという屈辱的なものであったが、結果的には、第一の開国は近代化をもたらし、第二の開国は戦後の経済的繁栄をもたらした。外圧を屈辱としてナショナリスティックになっていたら、このようなハッピーな結果にはならなかった。だから、グローバリゼーションという外圧についても、これにうまく適応することが賢いやり方なのであって、これに抵抗するなどもってのほかである。それに反対するナショナリズムは、幕末の鎖国・攘夷《じょうい》論者、昭和の軍部のように、愚かであり、危険ですらある。こういう話になっているのでしょう。

TPPをめぐる議論は、戦後日本で繰り返されてきた、このお決まりのストーリーに最初から乗っ取られていました。TPP反対論者には、最初から、世界情勢に疎く、時代遅れで、閉鎖的・排外主義的だというレッテルが貼《は》られるように仕組まれていたのです。だから、多数派の動向に敏感で、あまり深く物事を考えないマス・メディアは、いっせいにTPP賛成に回ったのでしょう。

▼弱腰批判をごまかすための「開国」

「開国」というレトリックには、菅政権にとって、もうひとつ都合のよいところがありました。

菅政権は、尖閣沖における中国漁船の領海侵犯事件の処理によって、世論の激しい批判にさらされ、支持率が急落していました。世論は、菅政権の対中弱腰外交を厳しく非難し、また国内の対中感情は極度に悪化しました。くわえて、ロシアのメドベージェフ大統領の北方領土訪問が、火に油を注ぎました。野党のみならず、与党の一部からも、菅政権の弱腰外交に対する非難の声が上がりました。これは、さながら攘夷論が台頭しているかのようでした。

「開国」という言葉のイメージは、この「攘夷」を打ち消す効果があります。

幕末の志士たちは、当初は、幕府の弱腰外交に怒り、世界情勢も知らぬまま、感情的に「攘夷」という非現実的なことを叫んだ。しかし、次第に西洋の強大さを認識するにつれ、現実主義的になり、「開国」を支持するようになった。このような話になっています。攘夷論者だった坂本龍馬が、開国論者の勝海舟を斬《き》りにいって、そこで海舟から世界情勢を聞かされて自分の無知に気づき、逆に海舟の弟子になったという逸話は、根強い人気があります。

尖閣諸島や北方領土の問題をめぐる「攘夷」論で窮地に立たされた菅政権は、ここで「開国」論を掲げることで、世論の攘夷感情を打ち消すか、ごまかそうと考えたのかもしれません。

「開国」のレトリックによって、領土問題をめぐる政権批判をそらしつつ、同時に、TPPへの参加の同意をとりつけ、APECの外交成果とする。TPPへの参加でアメリカに国内農業市場を差し出し、その見返りに日本を守ってもらう。APECは開国を象徴する横浜だし、二〇一〇年のNHK大河ドラマの主人公は坂本龍馬だった。「開国」のレトリックは、一層効果を発揮するだろう。もし、こういう話だとしたら、菅政権には、相当に悪知恵の働く策士がいるようです。

この話の真偽のほどはともかく、TPPをめぐる世論が、「開国」という言葉のもつイメージにすっかり惑わされてしまったのは、間違いありません。

政治家が、自国の誇るべき歴史に言及して世論を鼓舞し、政策を正当化すること自体は、別段間違ったことではありません。その歴史が多少物語風に脚色されて、史実とはいくぶん異なるものであっても、政治的なレトリックとしては許されるとも思います。

ですが、厳しい世界の現実の中で、国家の行く末を戦略的に考えるには、三文歴史小説じみた「幕末・維新ごっこ」は、あまりに危険すぎると言わざるを得ません。まして、それが「グローバルな世界では、強いものに従い、長いものに巻かれていた方がよい」などという思考パターンを形作り、正当化しているのだとしたら、なおさらです。

しかも開国までの本当の歴史は、そんな三文歴史小説とは違うものだったのです。

▼幕末開国の真実

幕末の開国に至る歴史については、井野邊茂雄による『新訂　維新前史の研究』という古典的な名著があります。[*1]それによれば、江戸時代の対外政策は次のように要約されます。第一に、江戸幕府の対外政策の基本路線は、一貫して、避戦であり平和主義でした。鎖国は、その避戦のための政策でした。

例えば、江戸時代前期の鎖国政策の主眼は、キリスト教を禁止して、国内平和を維持することにありました。鎖国政策は、貿易相手国をオランダと中国に限定したものと言われていますが、必ずしもそうではありません。江戸時代前半の幕府は、キリスト教の普及と侵略の恐れのあるスペインとポルトガルとの通信・通商は拒絶していましたが、それ以外の国々は必ずしも拒絶していませんでした。幕府は、むしろキリスト教の普及と分離できるのであれば、外国との通商に興味をもっていました。

しかし、一八世紀後半に、ロシアが接近するようになってから、幕府の対外政策が変化します。一七九二年にロシアのラクスマンが根室に来航し、通商を求めました。このとき、老中松平定信は、ラクスマンに長崎に来るように伝え、長崎入港の許可証を与えました。ロシアの脅威を感じていた定信は、ロシアと事を構えたくないという思いから、開国をひそかに決意していたといいます。つまり避戦政策としての「開国」です。

一八〇四年、今度はレザノフがラクスマンの持ち帰った入港許可証を携えて、長崎に来航して通商を求めました。ところが、この時、松平定信の後任の老中たちは、さらに避戦政策を徹底する方向へと舵《かじ》を切っており、レザノフの通商要求を拒絶しました。注目すべきは、レザノフへの応答の書面の中で、通信は朝鮮と琉球、通商は中国とオランダに限定するのが国法であると述べていることです。このレザノフへの対応をもって、通商を中国とオランダに限定するという、いわゆる一般に理解されている鎖国制度が新たにできたのです。

一八二五年の有名な異国船打払令も、実は、幕府による対外強硬的な攘夷論のあらわれでは決してなく、その反対に、外国との接触を断ちたいという、事なかれ主義の避戦政策によるものでした。幕府が鎖国から開国に転じていくのは、鎖国が避戦という目的を実現できなくなってきたからです。鎖国をしようが開国をしようが、幕府の基本政策は、避戦という点で終始一貫していたのです。

第二に、幕府、鎖国論者そして攘夷論者は、海外情勢に疎かったわけでは決してありません。むしろ、彼らは、海外情報を積極的に収集し、オランダなどを通じて海外情勢を相当程度把握していました。例えば幕府は、突然の黒船来航に驚いたわけではなく、オランダからの情報を通じて、一年も前からペリーの来航を察知していました。鎖国を唱えた志筑忠雄は、海外の情報に明るい蘭学者でした。尊王攘夷論で有名な水戸藩の会沢正志斎も、当時の日本で入手可能な一流の海外情勢に関する情報を有していました。鎖国論や攘夷論を、内向きといった精神論や、排外主義といった感情論の産物ととらえるのは間違っています。鎖国論も攘夷論も、世界情勢を把握した上で、それなりに合理的に組み立てられた国家戦略だったのです。

第三に、江戸時代の対外政策上の思想の対立軸は、「攘夷vs.開国」「鎖国vs.開国」ではなく、「避戦vs.攘夷」でした。すなわち、事なかれ主義で平和の維持を求めるか、あるいは積極的に国家の独立を維持しようとするか、という路線の対立だったのです。ですから、攘夷論者には、鎖国論者だけではなく、開国論者もいました。攘夷論者の開国論とは、外

図7　幕末・明治期の外交方針

	鎖　国	開　国
避　戦	レザノフ来航後の幕府	ペリー来航後の幕府
攘　夷	水戸藩	明治政府

明治維新

歴史を詳細に見れば、幕府の基本方針は一貫して避戦であったことが分かる。また、明治維新での方針転換は一般に言われるような「鎖国から開国へ」ではなく、「避戦から攘夷へ」という変化であった

国の勢力に対抗するために開国するという立場です。例えば、古賀侗庵《とうあん》や晩年の会沢正志斎が、「攘夷・開国」論者に該当します。

幕府は、もともと「避戦・鎖国」でしたが、情勢の変化によって、鎖国によっては避戦を達成できないと判断し、「避戦・開国」論へと転じました。他方、「攘夷・鎖国」論の徳川斉昭や会沢正志斎らは、情勢の変化によって「攘夷・開国」論へと転じます。

この図式の中に明治国家を位置づけるならば、「攘夷・開国」になります。明治政府は、国家の独立を維持するために富国強兵に邁進しました。特に、日米修好通商条約の不平等を是正するために心血を注ぎ、日露戦争を戦

った後の一九一一年、やっと条約改正を成し遂げ、関税自主権を回復しました。明治維新とは、「避戦・開国」の幕府を打倒し、「攘夷・開国」を実現するためのものだったのです。それは、あくまでも「避戦」から「攘夷」への大転換なのです。「鎖国」から「開国」への転換ではなく、まして「攘夷」から「開国」への転換などではありません。幕末から明治にかけての「第一の開国」は、独立を守るために戦っての開国でした。戦争に負けて占領されて押しつけられた第二次大戦後の「第二の開国」とは、まったく性格の異なるものです。

私が何を申し上げたいのか、もうお分かりだと思います。領土を狙う外国に対して毅然とした態度をとることを極度に恐れ、国防をアメリカに依存しながらTPPに参加することで、ちょうど一〇〇年前に回復した関税自主権を放棄しようとする。それが「平成の開国」です。それは、世界情勢の変化に対応できなかった幕末の江戸幕府の「避戦・開国」と同じたぐいのものなのです。

ただし、江戸幕府の「避戦・開国」は、世界情勢を把握した上での苦渋の決断でした。武力を背景にしたアメリカの外圧による、やむを得ない判断でした。これに対して、「平成の開国」は、これまで見てきたように、世界情勢の変化をまったく無視しています。しかも、あからさまに武力をちらつかせた外圧があるわけでもありません。我が国が、みずから進めているのです。このような「平成の開国」の歴史を、私たちは子や孫の世代に対して、どのように教えればよいのでしょうか。

▼福沢諭吉の「開鎖論」

明治維新とは「避戦・開国」の路線を否定し、「攘夷・開国」を実現するための一大変革でした。明治の精神は、一貫して尊王攘夷だったのです。そのことを確認するために、福沢諭吉を読み返してみましょう。

福沢諭吉と言えば、文明開化の指導的知識人であり、鎖国や攘夷の蒙昧を批判し、開国論を唱えた啓蒙《けいもう》思想家として知られています。確かに諭吉は、狂信的な攘夷論者を毛嫌いし、鎖国の弊害を批判し、国民に開国と西洋文明の摂取を熱心に説きました。しかし、同時に諭吉は、「一身独立して、一国独立す」という有名な言葉を残しているように、日本を独立した近代国家とするために粉骨砕身したナショナリストでもあったのです。

諭吉にとっても、開国は、西洋列強が争う厳しい世界の中で、日本という国の独立を守るための手段のひとつに過ぎませんでした。彼もまた、「攘夷・開国」の精神を受け継いでいたのです。そんな諭吉の思想を明らかにする文章が『福沢諭吉選集』におさめられています。それは、「開鎖論」という小論です。*2「開鎖論」は、次のような一節で始まります。

難《かた》い哉《かな》、一国の独立を維持するや。

この一行で一目瞭然ですが、「開鎖論」は、国家の独立のために、開国と鎖国の是非を論じたものなのです。

諭吉の思想の大目的は、あくまで、日本国家の独立の維持でした。「開鎖論」も、日本の独立をどうやって守るかを論じたものです。そのため、「開鎖論」には、軍事防衛に関する記述がたくさん見られます。例えば、「いざとなったら、首都を宇都宮か甲府に移して、外国からの侵略に対して徹底抗戦せよ」といった議論までしています。

諭吉は、日本国家の独立が可能となるのは、「我国民に国を維持するの心身あればなり」と唱え、愛国の精神を説きます。しかも、諭吉は、鎖国を決して否定はしません。

抑《そもそ》も我輩が今日に唱《とな》うる鎖国とは、数十年前全国に流行したる攘夷鎖国に非ず……外国人に交《まじわ》るに先づ彼我《ひが》の分界を明《あきらか》にし、人種に於ても、道徳に於ても、宗教に於ても、文物に於ても、政治法律に於ても、学芸商工に於ても、尚下《なおくだ》て居家《きよか》服飾の微《び》に至るまでも、一切万事、彼れは彼れたり、我れは我れたりと、大見識《だんけんしき》を定めて、我が欲する所の事を行ひ、我が向ふ所の道を直行して、左右を顧みざることなり。

諭吉にとって鎖国とは、自国の国柄が何かを明らかにし、それを守るために邁進するための政策なのです。その上で、諭吉はこう断言します。

鎖国の策にして、果して行はる可《べ》きものならば、断じて速かに着手せざる可からず。

諭吉には、国家の独立を守るという大目的のためには、鎖国も辞さないという覚悟がありました。そして、諭吉は次のようにも言います。

論鋒を緩《ゆるやか》にして大事の成跡《せいせき》を待つ、愛国の本分と申す可し。鎖国論決して妄誕ならざるなり。然《しか》りと雖《いえ》ども、内の情実を顧み、外の大勢を視察し、千差万別の難易を計《かぞ》へ尽して、果して実際に施す可《べか》らざるものとして、開国論に従はん歟《か》、是亦《これまた》一説なり。

つまり、国内の実情をよく検討し、世界の情勢を分析し、あらゆる論点に関して議論を尽くした上で、その上で開国すべきであるという結論に達したのであるならば、開国もひとつの考え方としてあり得るであろう。諭吉は、そのように言っているのです。

それに引き換え、ＴＰＰへの参加という「平成の開国」は、どうでしょうか。デフレ不況や食料の海外依存という「内の情実」についても、グローバル化、グローバル・インバランス、アメリカの輸出倍増戦略、気候変動といった「外の大勢」についても、何ひとつ、議論が尽くされていないことは、これまで明らかにしてきたとおりです。

諭吉は『学問のすゝめ』において、自分の頭で考え、世間に流布する俗説に疑いをさしはさみ、議論を盛んにすることの重要性を説きました。*3 それが「一身独立」であり、そして、それこそが「一国独立」を可能にするのだと信じたからです。

しかし、現在の日本は、社会の空気や世論の雰囲気に流され、少数派の意見に耳を傾けようとせず、議論すらしようとせず、まさに一国の独立を失おうとしています。諭吉が一番恐れた事態が、およそ一四〇年後の日本で起きているのです。しかもそれが「開国」の名の下に進んでいるのですから、おぞましい光景というほかありません。

「開鎖論」の中で、諭吉は次のように述べています。

一国を保つは猶《な》ほ一家を保つが如し。家に巨万の富あるも、其主人にして之を維持するの力あらざれば、忽ち之を失ふや必《ひっ》せり。

日本は、今や、世界最大の対外純資産保有国であり、その意味では「巨万の富」がありますしかし、それを守ろうとする強いパワーがなければ、あっという間に消えてなくなってしまうのだ。諭吉は、現代の私たちに向けて、警告しているのです。

本書の議論も、いよいよ、問題の核心に迫りつつあるようです。それは、国富を守り、国家の独立を維持するために必要なパワーの問題です。

▼元外務次官のTPP賛成論

諭吉は、開国を、日本の独立を守るためのパワーの問題として論じましたが、現代にも、「平成の開国」たるTPPを、経済や農業ではなく、軍事的なパワーの観点から論じようとする人がいます。例えば、谷内《やち》正太郎氏がそうです。

谷内氏は、二〇〇五年から三年間、外務次官を務め、現在は早稲田大学の客員教授です。外務省顧問でもあります。彼の論考は、TPPに関する外務省の公式見解であるとは言えませんが、外務次官まで務めた人物ですから、外務省の思考回路を読む上でも非常によい材料となるのではないかと思われます。

谷内氏は、雑誌『ウェッジ』(二〇一一年一月号)に寄稿した、「TPP参加は「強い安保」「強い経済」への分水嶺」という論文の中で、次のように論じています。[*4]

ＴＰＰについては、経済的側面に焦点を当てた分析が多いが、その戦略的意義を見落としてはならない。それは、日本が、アジア太平洋という枠組みを選ぶのか、あるいは東アジアという狭い枠組みを選ぶのかという、「死活的な選択と不可分の問題」である。

重要なのは、安全保障の観点から、アジア太平洋地域をとらえるという視点である。この地域には、核の先制使用すら公言する強大なロシアと、日本の二倍の軍事予算を誇る中国がいる。しかし、これに対抗できる勢力は、日米、米韓、米豪というアメリカを中心とした太平洋同盟網だけである。

「このような軍事的実態を見れば、東アジアが、北米や欧州と切り離されて、米欧に対抗する独自の国際政治の場を構成するという考えが、いかに幻想的かよく分かるであろう」

との論文は主張します。

▼ＴＰＰと日米安保

次に、谷内論文は、戦後日本外交を振り返り、歴史の教訓を得ようとします。

日本が第二次世界大戦での敗戦から、わずか半世紀で今日の地位にまで復活したのはなぜか。それは「独力による東アジアの覇権という幻想を捨て」アメリカと同盟することで、ロシアや中国と対抗し、「安定的な均衡を実現した」からである。そして、アメリカ主導の「自由貿易体制への加盟を果たし、製造業を主力にして対米・対欧市場への輸出を通じて、奇跡の経済復興を果たした」からである。また、「西側の一員」としての立場を明確にしたおかげで、政治的にも復権することができたのである。

この論文は、戦後日本外交の戦略性をこのように高く評価した上で、「近代日本の鬱屈《うっくつ》した反米ナショナリズム」が噴き出し、この日本の優れた戦略眼を曇らせることがあったと嘆きます。かつて、日本は、「日露戦争の勝利に驕《おご》り、中国大陸への野心を剝《む》き出しにした。そして、日本の台頭を抑え込もうとした米英両国に対して、感情的に強く反発した。「この驕りと反発が、真珠湾攻撃につながっていく」。また、敗戦後の「鬱屈した反米感情」は、反安保のイデオロギー闘争となった。冷戦後期にも、高度経済成長に驕り始め、アメリカに対して再び感情的な反発を見せるようになった。この「鬱屈した反米感情」が、最近、再び姿を現し始め、それが「アジア主義への傾斜」の原因となっているのではないか。

このように経済面や軍事戦略面におけるアジア太平洋地域の実態を分析し、そして戦後日本外交の歴史の教訓を踏まえた上で、ＴＰＰの参加については、次のような結論がかなり唐突に導き出されます。

「これまで、日本外交は、米国を引き込んで、環太平洋やアジア太平洋という枠組みで戦略を立てた時に成功し、東アジアの覇権や米国の排除を考えたときに必ず失敗してきた。私たちは、この歴史の教訓を忘れるべきではない。環太平洋自由貿易構想を、戦略的観点から眺めれば、日本が飛び乗るべきバスであることは自明であろう。徹底した自由貿易を標榜するＴＰＰに加盟することは容易ではない。しかし、衰退した農業の問題などを克服するための国内政治の痛みは、新生日本を生み出すための痛みである」

この論文は、「反米感情に踊らされた戦略なきアジア主義は、逆に、日本を奈落の底に突き落とすことになるであろう」という警告を残して、締めくくられています。

▼ＴＰＰ反対論とアジア主義は無関係

私は、この論考を読んだとき、今回のＴＰＰ問題の本質が典型的に現れていると思いました。それは、戦略的思考の欠如という問題です。

まず、アジア太平洋地域についての経済面と安全保障面におけるこの論文の現状分析は、ほぼ正しいと思います。アメリカとの関係を切るようなアジア主義は、経済的にも軍事的にも幻想であるというのも、確かにそのとおりです。日本が独力で東アジアの覇権を目指すなど、まったく馬鹿げています。

しかし、私はTPPへの参加には反対ですが、「鬱屈した反米感情」など、持ち合わせていません。この論考は日露戦争での勝利や高度経済成長による日本人の「驕り」が、アメリカへの感情的な反発となったと指摘します。けれども、私のように、社会人になってから一度も本格的な経済成長を体験したことがない世代にとっては、（この論文によれば）反米感情の原因となっているらしい「驕り」など、経験したくてもできないのです。

ですから、私には、この論文を読んでもアジア主義や反米感情とTPPの問題とが、どのような回路でつながっているのかが、まったく理解できませんでした。

戦略なきアジア主義や鬱屈した反米感情が心配でたまらないのは分かりましたが、TPPに参加しないと、日本は独力でアジアの覇権を目指したり、アメリカを排除して東アジア経済圏を構築したりすることになるのでしょうか。では、TPPに参加していない韓国は、独力でアジアの覇権を目指しているとでもいうのでしょうか。

TPP反対論とアジア主義とは、何の関係もありません。それどころか、産業界やマス・メディアでは、TPP賛成論者の方が「TPPによってアジアの成長を取り込む」などと、経済的なアジア主義めいたことを唱えているくらいです。

日米安全保障条約を破棄しようとか、APECからアメリカを追い出そうという主張なら、心配になるのも分かります。しかし、TPPなどは、しょせん、最近出てきた自由貿易協定の一種に過ぎません。たかだかTPPへの参加を見送ったぐらいで、それが「日本を奈落の底に突き落とすことになる」というのは、あまりにも大げさな話ではないでしょうか。

▼極端な自由化こそが過激なナショナリズムを招く

谷内論文は、戦後日本の平和と繁栄は、日米同盟と自由貿易体制によるものだと強調し、だから自由貿易協定であるTPPには参加すべきだと主張します。しかしながら、日米の経済関係は、TPPに参加していない現在でもすでに十分、自由貿易なのです。

TPPに参加するかしないかは、自由貿易の程度の問題であって、自由貿易か鎖国かの問題ではありません。TPPへの不参加は、この論文が礼賛する戦後の自由貿易体制を否定するものではまったくないのです。まして、日米同盟を否定するものでもないことは、言うまでもありません。

もちろん、安全保障と貿易は、無関係ではありません。軍事的に不安定な関係にある国同士が自由貿易を行うことは難しいでしょう。安全保障は、自由貿易の基盤として必要です。しかし、その逆に、自由貿易が、安全保障の基盤になるかどうかは議論の余地があります。少なくとも、貿易自由化が進めば進むほど、安全保障がより強固になるわけではありません。

それどころか、経済人類学者のカール・ポランニーは、古典的名著『大転換』の中で、一九世紀の急進的な自由貿易が社会を崩壊させ、その反動として全体主義が発生したと論じているぐらいです。[*5] あるいは、ジョン・ラギー、ピーター・カッツェンスタインといったアメリカの著名な国際政治経済学者たちも、貿易自由化というものは、社会を崩壊させないように漸進的に進められることではじめて、うまくいくと論じています。[*6][*7] また、イギリスの哲学者ジョン・グレイやフランスの人類学者エマニュエル・トッドといった優れた知識人たちも、グローバル化は、健全な民主主義の基盤である安定した社会を崩壊させると警告を発しています。[*8][*9]

このように、急進的な貿易自由化は、社会を危険にさらし、対外的に攻撃的なナショナリズムを生み出す原因になるということは、世界の有力な知識人たちの間では、昔からよく知られていることなのです。ですから、下手をすると、ＴＰＰによる急進的な貿易自由化のせいで日本社会が不安定になり、その結果として、かえって、「鬱屈した反米ナショナリズム」が噴き上がる可能性すらあるのです。

▼アメリカによる恫喝《どうかつ》はあるのか

ＴＰＰへの不参加によって日米安保体制が崩れるという論理があり得るとしたら、それはアメリカが「ＴＰＰに参加しなければ、安全の保障はないと思え」という脅しをかけてきている場合です。では、実際に、アメリカは、そのような脅しをかけて、ＴＰＰへの参加を迫ってきているのでしょうか。

今のところ、そのような様子は見えません。ウィキリークスをのぞいたら何か出てくるのかもしれませんが、少なくとも、一般のマス・メディアで公開されている情報を見た限りでは、アメリカの恫喝という事実はありません。

では、アメリカは、外からは見えないように、裏で日本政府に対し、脅しをかけているのでしょうか。私は、そういうことはないと推測しています。もちろん、アメリカが裏で、安全保障がらみの脅しをちらつかせるということもあるかもしれませんから、断言はできません。しかし、日本がＴＰＰへの参加を見送ったら、日米安全保障体制をやめにしようとアメリカが考えている可能性は低いと思います。

なぜなら、アメリカにとって、日米同盟は、その軍事戦略上の固有の意義があるのであり、少なくとも日本に貿易自由化を迫るための手段として維持されているのではないからです。アメリカが、中国やロシアに対抗するための太平洋同盟網のメリットを、日本が農業市場を開放しないという理由で破棄するとしたら、それこそアメリカの戦略なき感情的反発というものでしょう。

ただし、日米安全保障体制はずっと安泰というわけではありません。むしろ、私は、アメリカが日本を守ってくれなくなる可能性は十分にあるとも考えています。

東西冷戦下で、アメリカが共産圏と対立していたころ、そしてアメリカの経済力が強大だったころは、アメリカは、日米安全保障体制と自由貿易体制のふたつを堅持することに、戦略的意義を見出していました。そして、戦後日本の平和と繁栄は、谷内氏が言うように、このふたつの体制の上に成り立っていたのかもしれません。

しかし、冷戦は二〇年も前に終了しました。そして、アメリカの経済力はかなり衰えています。今では、なりふりかまわず、輸出倍増戦略を掲げて自国の経済を守ろうとすらしています。戦後の日本外交がよって立っていた前提は、もはや崩れているのです。谷内論文は、なぜかこの時代の変化についてまったく触れていません。

もし冷戦の終結やパワー・バランスの変化により、アメリカが日米安全保障体制に軍事戦略上の意義を感じなくなっているのだとしたら、日本のＴＰＰへの不参加を理由に、アメリカが日本の安全保障を放棄するということも否定はできません。ですが、その場合は、日本がＴＰＰに参加したとしても、アメリカが日本を守るために戦ってくれるようになる保証もないのです。アメリカといえども、日本への輸出拡大による利益と引き換えに、自国の兵士に命を懸けて日本を守らせるということはできません。軍人というものは、祖国の防衛のためだから命を懸けるのです。「利権のために命を懸けろ」などと命じられたら、怒るでしょう。

以上をまとめると、こうなります。

もし、「アジア太平洋地域の安定のためには、アメリカ中心の太平洋同盟網が必要である」という現状分析が正しいのであれば、アメリカは、日本がＴＰＰに参加しなくとも、その同盟網を維持するでしょう。ですから、安全保障を理由にしたＴＰＰ参加論は成り立ちません。

他方、もしその現状分析が間違いで、アメリカは日米同盟を重視していないのであれば、ＴＰＰへの不参加を理由に、アメリカが日本の安全保障を放棄することもあるかもしれません。しかし、その場合は、日本がＴＰＰに参加したからといって、日米安全保障体制が続くという保証もまったくないのです。

どちらにしても、「環太平洋自由貿易構想を、戦略的観点から眺めれば、日本が飛び乗るべきバスであることは自明」などという結論には、とうていなり得ません。谷内氏は、ろくに行き先も確かめずに、バスに飛び乗ろうとしているのです。

もっと驚くべきは、この「日本が飛び乗るべきバス」という表現です。一九三〇年代、ヨーロッパで全体主義が台頭する中、日本は、まさにこの「バスに乗り遅れるな」というスローガンのもと、日独伊三国軍事同盟の締結へと踏み切りました。「バス」のたとえは、「歴史から教訓を得よ」と説く人物が用いるべき表現ではありません。

▼自主防衛というタブー

ＴＰＰは日本の安全保障のために必要なものではありません。ＴＰＰに参加したからといって、アメリカは日本を守ってくれるわけではないのです。ＴＰＰを安全保障の一環とみなす論理は、完全に破綻しています。

では、もし、アメリカが日本を守ってくれないのだとしたら、どうすればよいのでしょうか。戦後日本の平和と繁栄の基盤であった日米安全保障体制は、冷戦の崩壊やリーマン・ショックという時代の変化によって、もはや失効したのだとしたら、日本の安全保障はどうなるのでしょうか。

その場合の結論は、少なくとも論理的には、しごく簡単です。日本は、自分の力で自国を守るという、独立国家として当然のことをしなければならないというだけのことです。いわゆる「自主防衛」です。

もちろん、「自主防衛」と言っても、それは日米同盟や太平洋同盟網から離脱することをただちに意味するわけではありません。そうではなく、同盟は維持しつつも、アメリカの軍事力への過度な依存を改め、万一の場合には独力での国防もある程度可能となるように、防衛力を強化するということです。

しかし、ご承知のとおり、日本はこれまで、この「自主防衛」という議論をできるだけ避けようとしてきました。それは、一種のタブーのようなものです。

私は、谷内氏やその出身母体である外務省もまた、「自主防衛」という議論を回避しようとしたのではないかと思います。それで、無理な論理を組み立てたために、「TPPによる安全保障」という奇妙な結論にたどりついてしまったのではないかと推測しています。

TPPへの参加を推進する外務省の思考回路は、おそらく、こんな感じだったのではないでしょうか。

戦後日本外交の基本路線である日米安全保障体制が、冷戦の終結や世界大不況といった時代の変化とともに変質し、アメリカは、本気で日本を守る気がなくなりつつあるかもしれない。そうであるならば、日本は自主防衛に向けて、舵を切らなければならないという結論になってしまう。しかし、自主防衛への道は、なんとしても避けたい。そのためには、アメリカの軍事力に依存する戦後の枠組みを変えたくない。

そこで谷内論文は「歴史の教訓」をもち出して、しきりと、戦後の枠組みの継続を暗示します。そして、戦後の枠組みと言えば、日米安保条約に加えてアメリカ主導の自由貿易体制ですから、「アメリカ主導の自由貿易協定であるＴＰＰは、戦後の枠組みを維持する仕組みなのだ」ということにしてしまいます。つまりＴＰＰ賛成論を唱えているようでありながら、本当は、自主防衛反対論を訴えたいということです。

ＴＰＰを安全保障の一環と考えている人々は、おそらく、アメリカの軍事的庇護の下で平和と繁栄を謳歌できていた戦後日本の世界が、ずっと続いてほしいと願っているのでしょう。そして、どうやら彼らの頭の中では、その世界が実際に続いているらしいのです。だから、ＴＰＰ反対論者が、かつての日米安保反対論者と同じように、鬱屈した反米感情をもった戦略なきアジア主義者に見えてしまうのでしょう。

結局、安全保障としてのＴＰＰ参加論とは、敗戦後から冷戦終結前までは通用していた戦後日本の旧体制を維持したいがためのものなのです。それなのに、谷内論文は、ＴＰＰの参加によって農業に生ずる痛みは、「新生日本を生み出すための痛み」などと、まるで反対のことを言うのです。

こうした論理の飛躍や乱れは、自主防衛という戦後のタブーに触れないようにと無理をしたために起きたものだと思われます。これが我が国の外交を担う外務省の発想だとしたら事態は相当に深刻です。

「自主防衛が嫌だからＴＰＰに賛成」と考えるのは、外務省だけではないと思います。

これまで見てきたように、内閣官房や経済産業省が並べるＴＰＰのメリットは、とても真面目な議論に耐えられない強引なこじつけや当てずっぽうばかりでした。そうした理屈の歪みや乱れは、おそらくは、ＴＰＰ参加という結論ありきで、後から、無理やり付けたものだからであろうと、私は推測しました。

しかし、どうして「ＴＰＰ参加ありき」なのでしょうか。その結論は、どこから出てきたのでしょうか。それは、まさに「対米依存の安全保障を続けるためには、アメリカの主導するＴＰＰへの参加が不可欠」という強烈な先入観があったからに違いありません。ＴＰＰに賛成する政治家、官僚、経済界、マス・メディア、知識人、そして世論一般も、意識的にであれ、無意識的にであれ、そう思い込んでいたのではないでしょうか。

二〇一〇年は、普天間基地移設問題、中国漁船領海侵犯事件、ロシア大統領北方領土訪問事件など、安全保障がらみの重大問題が連発し、国防に対する不安が強烈に強まっていました。そんな中で、突如として浮かび上がったＴＰＰを見て、多くの日本人が「おぼれる者は藁《わら》をもつかむ」のたとえどおりに、飛びついたというわけです。ＴＰＰに参加しなければならない理屈などは、その後で無理にひねり出して付けられたに過ぎません。「ＴＰＰに参加しないと、日本は世界の孤児になる」という非合理的な強迫観念の根っこには、「これまでどおり、国防はアメリカに頼りきったまま、平和と繁栄を謳歌していたい。時代が変わったという現実を受け入れたくない」という強い願望が、べっとりと、へばりついているのです。

▼未完の開国

私は、幕末・明治の開国は、「攘夷・開国」であって、「避戦・開国」ではなかったことを明らかにしました。しかし、世間では、攘夷をあきらめ、外国からの圧力に屈し、これに順応したのが「開国」であるかのように言われています。それは、敗戦後の占領が「第二の開国」などと呼ばれることからも分かります。「日本は、外圧がないと変わらない」などと嘆いてみせる日本人が多いのも、この歴史観の影響かと思われます。

このような「開国」にまつわる歪んだ歴史観もまた、「平和と繁栄のためには、国家の自立や自主防衛などは考えない方がいいのだ」という戦後日本的な発想の産物なのではないでしょうか。幕末・明治の「攘夷・開国」も、福沢諭吉の「開鎖論」も、自力で国を守りたくない戦後日本人にとっては、いかにも都合が悪いのです。対米依存願望が、歴史まで ねじ曲げてしまうほどに強かったということです。

この強力な対米依存願望こそが、日本人の戦略的思考回路を遮断してきた最大のブレーカーにほかなりません。それでは、日本人が何についても戦略的に考えられないのも当然です。独立国家としての自立心のない国民に、国家戦略を期待しても無駄だからです。TPPをめぐる議論の戦略性のなさは、そのことを如実に示す問題でした。

しかし、逆に言えば、戦略的に考えるためには、「いざとなったら、自分たちの力で自分の国を守る」という独立国家として当然の責務をタブー視せず、自主防衛を覚悟すればよいのではないでしょうか。そうすれば、「アメリカの要求に素直に応じておかないと、国が守れないのではないか」などという強迫観念におびえずに、世界情勢を正しく分析し、問題の本質を正面から議論して、日本を守るための国家戦略を構想することができるはずです。

福沢諭吉は「開鎖論」の中で、次のように述べています。

果して自から守るの力なき歟《か》、仮令《たと》ひ国を存するも、偶然に存するものと云はざるを得ず。我輩は今日の日本国を目《もく》して、偶然の僥倖《ぎょうこう》に存する者とは思はず。自立の力に依《より》て自立するの事実は、我れも人も共に信ずる所ならずや。

諭吉は、開国後の日本が「自から守るの力」「自立の力」をもち、独立国家として存立することを願いつつ、幕末・明治の激動の時代を生きました。

しかし、それからおよそ一四〇年後のＴＰＰをめぐる騒動が示したのは、日本が「自から守るの力」「自立の力」をもっていないだけでなく、もとうとすらしないということでした。

第三の開国？

その前に、第一の開国が、まだ終わっていないのです。

註

第一章

1 田代洋一『食料自給率を考える』（筑波書房ブックレット、二〇〇九年）

2 内閣官房「包括的経済連携に関する検討状況」
http://www.mofa.go.jp/mofaj/gaiko/fta/pdfs/siryou20101106.pdf

3 http://xa.yimg.com/kq/groups/12982260/1449121180/name/CapCtrlsLetter.pdf

4 田代洋一「TPP批判の政治経済学」（農文協編『TPP反対の大義』農文協ブックレット、二〇一〇年）

第二章

1 この章のグローバリゼーションの変質についての記述は、主として Moritz Schularick, "The End of Financial Globalization 3.0", The Economists' Voice, Jan, 2010 に負っている。

2 Jagdish Bhagwati, "The Capital Myth: The Difference between Trade in Widgets and Dollars", Foreign Affairs, 77.3, 1998

3 Gordon H. Hanson, "Should Countries Promote Foreign Direct Investment?", G-24 Discussion Paper Series, No.9, United Nations, Feb, 2001

4 Simon Johnson, "The Quiet Coup", The Atlantic Monthly, May, 2009
5 レスポンス「企業動向―米国ホンダ、現地生産比率が過去最高…09年実績」（二〇一〇年一月一三日）
http://response.jp/article/2010/01/13/134736.html

第三章

1 須田美矢子編『対外不均衡の経済学』（日本経済新聞社、一九九二年）
2 農林水産省「WTO農業交渉の現状」（二〇一〇年一二月）
http://www.maff.go.jp/j/kokusai/kousyo/wto/pdf/1012_meguzi1.pdf
農林水産省「WTO農業交渉の主な論点」（二〇一〇年一二月）
http://www.maff.go.jp/j/kokusai/kousyo/wto/pdf/1012_meguzi2.pdf
3 以降の議論については、中野剛志『自由貿易の罠―覚醒する保護主義』（青土社、二〇〇九年）を参照。
4 Rudiger Dorn Busch and Stanley Fischer, "The Open Economy: Implications for Manetary and Fiscal Policy", NBER Working Paper, No.1442, 1984
5 Barry Eichengreen, "The Political Economy of the Smoot-Hawley Tariff", NBER Working Paper, No.2001, 1986
6 ピーター・テミン、猪木武徳ほか訳『大恐慌の教訓』（東洋経済新報社、一九九四年）
7 Paul Bairoch, "Economics and World History: Myths and Paradoxes", paperback edition,

The University of Chicago Press, 1995

8 エマニュエル・トッド、平野泰朗訳『経済幻想』（藤原書店、一九九九年）

第四章

1 中野剛志「誤解に基づく法人税減税論―デフレ不況と財政赤字を悪化させるだけ」（文藝春秋編『日本の論点２０１１』文藝春秋、二〇一〇年）

2 Lawrence Summers, "A Strategy to Promote Healthy Globalisation", Financial Times, May 4, 2008

3 乗数効果とは、簡単に言えば、一定の条件下において、政府が需要を増加させたときに、その増加額よりも国民所得が増加する現象のことを指す。

4 例えば、廣宮孝信『さらばデフレ不況―日本を救う最良の景気回復論』（彩図社、二〇一〇年）、リチャード・クー、楡井浩一訳『デフレとバランスシート不況の経済学』（徳間書店、二〇〇三年）、藤井聡『公共事業が日本を救う』（文春新書、二〇一〇年）、三橋貴明『デフレ時代の富国論』（ビジネス社、二〇一一年）など。中野剛志『恐慌の黙示録―資本主義は生き残ることができるのか』（東洋経済新報社、二〇〇九年）も参照。

第五章

1 島﨑治道『食料自給率100%を目ざさない国に未来はない』（集英社新書、二〇〇九年）

2 浅川芳裕『日本は世界5位の農業大国―大嘘だらけの食料自給率』(講談社プラスアルファ新書、二〇一〇年)

3 帝国書院「統計地図　食料品」
http://www.teikokushoin.co.jp/statistics/map/index.html#syokuryou

4 薄井寛『2つの「油」が世界を変える―新たなステージに突入した世界穀物市場』(農山漁村文化協会、二〇一〇年)

5 Lester R. Brown, "Outgrowing The Earth: The Food Security Challenge in An Age of Falling Water Tables and Rising Temperatures", W.W.Norton & Company, 2005

6 「食料の未来を描く戦略会議」資料集(農林水産省、二〇〇八年五月)

7 "1998 Legislative Session: 3rd Session, 36th Parliament, Special Committee on the Multilateral Agreement on Investment"
http://qp.gov.bc.ca/CMT/36thParl/mai/hansard/t12_1002.htm

8 産経ニュース「TPP　問われる開国」(二〇一〇年一一月二一日)
http://sankei.jp.msn.com/economy/news/110113/biz11011303250022-n1.htm

第六章

1 井野邊茂雄『新訂　維新前史の研究』(中文館、一九四二年)

2 福沢諭吉「開鎖論」(『福沢諭吉選集　第7巻』岩波書店、一九八一年)

3　福沢諭吉「学問のすゝめ」（『福沢諭吉選集　第3巻』岩波書店、一九八〇年）

4　谷内正太郎「ＴＰＰ参加は「強い安保」「強い経済」への分水嶺」（『ウェッジ』ウェッジ、二〇一一年一月号）

5　カール・ポラニー、野口建彦／栖原学訳『大転換』（東洋経済新報社、二〇〇九年）

6　John Ruggie, "International Regimes, Transactions and Change: Embedded Liberalism in the Post War Economic Order", International Organization, 36.2, 1982

7　Peter J. Katzenstein, "Small States in World Markets: Industrial Policy in Europe", Cornell University Press, 1985

8　ジョン・グレイ、石塚雅彦訳『グローバリズムという妄想』（日本経済新聞社、一九九九年）

9　エマニュエル・トッド、石崎晴己訳『自由貿易は、民主主義を滅ぼす』（藤原書店、二〇一〇年）

おわりに

ＴＰＰへの参加など、論外です。

この本で申し上げたかったことは、結局のところ、その一言に尽きます。

第一に、これまで議論してきましたように、ＴＰＰ賛成論には、基本的な事実認識の誤りがあまりに多すぎます。例えば、日本の平均関税率は二・六％とアメリカよりも低く、農産品に限っても、平均関税率約一二％は決して高いとは言えず、穀物自給率はわずかしかないほどすでに開国しています。ＴＰＰに日本が参加しても、日本の実質的な輸出先はアメリカしかなく、アメリカの実質的な輸出先は日本しかありません。アジアの成長を取り込むなどというのは不可能です。

そして、アメリカの主要品目の関税率は低く、すでに日本の製造業は海外生産を進めています。その上、アメリカがドル安を志向しているのですから、関税撤廃にほとんど意味はありません。そもそも、日本はＧＤＰに占める輸出が二割にも満たない内需大国であり、輸出に偏重すべきではありません。

第二に、TPP賛成論者は、経済運営の基本をあまりに知らなすぎます。本書をお読みになったみなさんにはご理解いただいたと思いますが、需要不足と供給過剰が持続するデフレのときには、貿易自由化のような、競争を激化し、供給力を向上させるような政策を講じてはいけないのです。デフレトでの貿易自由化は、さらなる実質賃金の低下や失業の増大を招きます。

グローバル化した世界では輸出主導の成長は、国民給与の低下をもたらし、貧富の格差を拡大します。内需が大きいが需要不足にある日本は、輸出主導の成長を目指すのではなく、内需主導の成長を目指すべきなのです。そして、何においてもまずは、デフレ脱却が最優先課題です。しかし、貿易自由化と輸出拡大の推進は、そのデフレをさらに悪化させるのです。

第三に、TPP賛成論者は、世界の構造変化やアメリカの戦略をまったく見誤っています。リーマン・ショックは、住宅バブルで好況に沸くアメリカの過剰な消費と輸入が世界経済を引っ張るという、二〇〇二年から二〇〇六年までのグローバル化が破綻した結果です。アメリカは、この世界経済のいびつな構造を是正するため、そして自国の雇用を増やすため、輸出倍増戦略に転換しました。TPPは、その輸出倍増戦略の一環として位置付けられており、輸出先のターゲットは日本です。

特に、アメリカは国際競争力をもち、今後、高騰すると予想される農産品を武器に、TPPによる輸出拡大を仕掛けてきているのです。大不況に苦しむアメリカには、アジア太平洋の新たな貿易の枠組みを構築しようなどというつもりはなく、その余裕すらありません。

要するに、TPPへの参加というのは、世界の構造変化もアメリカの戦略的意図も読まず、経済運営の基本から逸脱し、その上、経済を巡る基本的な事実関係すらも無視しない限り、とうてい、成り立ちえない議論なのです。TPP参加の合理的な根拠を探す方がよほど難しいのではないでしょうか。

ところが、財界と大手マス・メディアのすべての圧倒的な支持の下、すでに「開国」のメッセージは対外的に発信されてしまいました。おかげで、日本が閉鎖的であるというイメージが広がってしまい、日本のポジションは、交渉に参加する前から著しく不利になりました。

このままＴＰＰに参加すれば、日本は、関税はもちろん、社会的・文化的に必要な規制や慣行まで、開国の名の下に撤廃せざるを得なくなるでしょう。デフレの悪化や格差の拡大はもちろん、規制緩和による食の安全、医療あるいは金融における不安の増大など、さまざまな弊害が発生するでしょう。その弊害を正そうとしても、ＴＰＰという国際条約によって制限されて、できなくなるのです。

もっと問題なのは、ＴＰＰを巡る議論を通じて、日本政府が世界情勢に疎く、経済政策の基本も知らず、事実関係すら無視し、イメージだけで流されるということが、海外に知れ渡ったということです。このため、不況に苦しむ各国は、戦略なき日本の国富を収奪すべく、次なる手を必ず打ってくるでしょう。そう思うのは、排外主義からではなく、少なくとも私が不況に苦しむ外国の官僚だったら、そうするからです。尖閣問題の処理の不手際が、ロシア大統領の北方領土訪問を招いたように、ＴＰＰへの参加という愚行は、さらなる国難を呼び込むでしょう。

ですから、ＴＰＰへの参加そして「平成の開国」は、何としてでも阻止しなければなりません。それも、ただ単にTPPへの参加を、与党に力がなかったので、あるいは国民的合意がとれなかったので、仕方なく断念するというのでは足りません。できるだけ多くの日本人が、歴史に想いをはせつつ、TPPへの参加の愚かさを論理的に理解し、その危うさを明確に自覚した上で、きっぱりと拒否するところまでいかなければ、日本は、この先、この厳しい世界情勢を生き抜いていくことができないのです。

しかし、現時点において、形勢は極めて不利な状況にあります。戦後日本の歴史において、政府が強く推進し、産業界が全面的に賛成し、大手新聞やテレビがこぞって支持し、アメリカが背後にいる政策をひっくり返したという例を、私は知りません。それをやろうというのですから、本書の試みは、明らかに無謀なものです。

しかし、私はどうも変な性分らしくて、こちらに義があると確信しているときは、多勢に無勢の方がかえってやる気がでるようなのです。そんな調子ですから、いろいろな方が私の行く末を心配してくださいます。とりわけ、私が経済産業省から京都大学に出向している身分なので、TPPを推進する経済産業省との関係を心配される方が多いようです。

しかし、出向している以上、私は研究者ですので、何を主張しようと問題があろうはずがありません。形式上の話だけでなく、実は、経済産業省も、私の言論活動を問題視などしていないのです。

意外かもしれませんが、経済産業省という組織は、役所らしからぬところがあって、伝統的に、自由闊達な議論を重んじ、意見の多様性にも寛容な、風通しのよい組織なのです。もちろん、全員がそうというわけではなく、私のＴＰＰ批判を知ってヒステリーを起こした幹部もいたようです。その話を、私は、かつての同僚たちから「笑い話」として聞きました。経済産業省は、それくらい懐の深い組織なのです。ついでに、本書を読んで過ちに気付き、方針を変えてくれれば、なお素敵なのですが……。

もっとも、経済産業省がいくら寛容とは言っても、やはり大学の方が、はるかに自由な議論や思考ができます。京都大学に私を招き入れてくださった藤井聡教授には、心からお礼を申し上げたいと思います。また、本書執筆の機会を与えてくださった集英社新書の服部祐佳氏にも、深く感謝申し上げます。

なお、本書の企画は、私が東京メトロポリタンテレビジョンの「西部邁ゼミナール」でＴＰＰ批判を展開したのを、服部氏がご覧になったことがきっかけとなったようです。西部邁先生とディレクターの窪田哲学氏には、改めてお礼を申し上げます。

ほかにも、中央から地方まで、右から左まで、さまざまな政治家や市民運動家、ジャーナリストや編集者の方々、あるいは拙稿の読者やネット動画の視聴者の方々から、多くのご支援をいただきました。心より感謝を申し上げます。ただし、まだ危機は終わったわけではありません。非力な私ではありますが、引き続き、ご助力をよろしくお願い申し上げます。

最後に、大学への出向で一緒に過ごす時間が増えるはずだったのに、TPP騒動のせいで正月休みまでつぶれてしまい、すっかり当てが外れた家族には、こう申し開きするしかありません。

「この騒動が終われば、普通の暮らしに戻れるから」

二〇一一年二月

中野剛志

中野剛志（なかの たけし）

一九七一年、神奈川県生まれ。京都大学大学院工学研究科助教。東京大学教養学部（国際関係論）卒業。エディンバラ大学より博士号取得（社会科学）。経済産業省産業構造課課長補佐を経て現職。専門は経済ナショナリズム。イギリス民族学会Nations and Nationalism Prize受賞。主な著書に『国力論―経済ナショナリズムの系譜』（以文社）、『自由貿易の罠―覚醒する保護主義』（青土社）など。

TPP亡《ぼう》国《こく》論《ろん》

集英社新書〇五八四A

二〇一一年三月二二日　第一刷発行
二〇一一年一一月一六日　第八刷発行

著者……中野《なかの》剛志《たけし》
発行者……館　孝太郎
発行所……株式会社集英社
東京都千代田区一ツ橋二-五-一〇　郵便番号一〇一-八〇五〇
電話　〇三-三二三〇-六三九一（編集部）
〇三-三二三〇-六三九三（販売部）
〇三-三二三〇-六〇八〇（読者係）

装幀……原　研哉
印刷所……大日本印刷株式会社　凸版印刷株式会社
製本所……加藤製本株式会社
定価はカバーに表示してあります。

ISBN 978-4-08-720584-8 C0233
Printed in Japan

a pilot of wisdom